Vorwort

Vitalität und Fitness bedeutet für mich mehr als ein gesundes Körperbewusstsein zu haben. Besonders die Lebensumstände, sowie die Lebenshaltung sind das Fundament, um Ihre Gesundheit darauf aufzubauen. Sehr hilfreich für ein stetiges Wohlbefinden sind vor allem die geistige Haltung, sowie heitere Gelassenheit! Das Unterbewusstsein bewirkt nicht nur ständig Veränderung und Erneuerung, es kann ganz bewusst gesteuert werden. Tauchen Sie ein und schalten Sie ab. Lassen Sie sich inspirieren!

Familie, Freunde und Arbeit unter einen Hut zu bringen, ist für viele von uns im Alltag schon Aufgabe genug. Um dabei auch noch fit und leistungsfähig zu bleiben, kommt gesunder Ernährung herausragende Bedeutung bei. Genau an dieser scheitert es aber oft im stressigen Alltag. Das muss nicht sein, denn es ist gar nicht so schwer, sich kulinarisch und gesundheitlich was Gutes zu tun – und deshalb machen wir es dir ganz einfach: Wenn du dazu auch noch viel Sport treibst, ist je nach Workout und Intensität die passende Fitness-Gesunde Ernährung ist gefragt.

Ein Grund, warum Menschen sich ungesund ernähren und häufig auf fettreiches Junkfood oder kalorienreiche Snacks für unterwegs zurückgreifen, ist Zeitmangel. Vergessen wird allerdings oft, dass immer noch viele Leute einfach nicht genau wissen, wie gesunde Ernährung eigentlich aussieht. Das ist ihnen ja auch nicht zu verübeln - vieles klingt meistens ja auch ziemlich kompliziert und wissenschaftlich -. Verwirrende, oft gegensätzliche Informationen aus den verschiedensten Medien tragen ebenfalls nicht unbedingt zur Klarheit bei , weil sie sich sehr oft widersprechen. Dabei kann gesunde Ernährung auch ohne Figur-Tricks ganz einfach und alltagstauglich sein, wenn du nach dem Grundsatz lebst „Alles ist gut im rechten Maß" (russisches Sprichwort)

Frisch zubereitet schmecken Lebensmittel nicht nur besser, sondern enthalten viel mehr Vitamine und Nährstoffe, dafür aber keine Konservierungs- und Zusatzstoffe! Deshalb findest du am Ende dieses Buches viele Rezepte mit denen dich gesund ernähren kannst.

Keine Zeit zu haben ist keine Ausrede: Dein Mittagessen kannst du einfach schon am Vortag mit dem Abendessen zubereiten, und das Frühstücksmüsli kann schon fertig vorbereitet über Nacht in den Kühlschrank gestellt werden – fertig sind dein fittes Frühstück und die Lunchbox fürs Büro! Außerdem solltest Du im Kühlschrank und in Deiner Süßigkeiten-Lade leckere, schnelle und gesunde Snacks auf Vorrat haben, damit vermeidest Du beim nächsten Heißhunger-Anfall Deine bereits erlangten Erfolge zunichte zu machen. Eine Liste solcher Erste Hilfe Snacks findest Du am Beginn des Kapitels Kochrezepte.

Keine Zeit zu haben ist auch keine Ausrede im Bezug auf Bewegung. Wie du deine Trainingseinheiten oder Fitnessübungen in deinen Tagesplan integrieren kannst zeige ich dir in einem eigenen Kapitel.

Lasse dich von bisherigen Fehlschlägen nicht entmutigen. Mit diesem Ebook hast du eine wertvolle Hilfe, die dich auf Kurs bringen kann. Ich verspreche dir keine Wunder; wenn du dich aber an die Tipps in diesem Ebook hältst, wirst du Schritt für Schritt Fett abbauen und in ein gesünderes und schlankeres Leben starten.

Ich wünsche mir nun, dass du für dich selbst möglichst viel aus diesem Buch mitnimmst, Dir deine eigenen Gedanken dazu machst und so deinen ganz eigenen Weg zu Gesundheit und Vitalität findest.

Du kannst das Wissen aus diesem Ebook direkt umsetzen, wenn du

gesundheitliche Probleme haben, solltest du natürlich vorher mit deinem Arzt sprechen.

Inhalt

- ○ Grundlagenausdauertraining
- das Intervall-Training
- Kombination Ausdauer- und Intervalltraining

Der Trainingsplan
Aufwärmprogramm
Dehnprogramm
Trainingsprogramm

- ○ Anfänger:
- ○ Fortgeschrittene:
- ○ Trainingsprogramme mit Körpereigengewicht:
- ○ Krafttraining
  - Krafttraining und Frauen
  - Die Trainingsphilosophie
  - Die Trainingsmethode
  - Der Trainingsplan

Entspannung
Regeneration
Sport und Glück
Ernährung
Sport und Ernährung
Diäten

- Wie funktioniert Abnehmen?
- Wie funktioniert Muskelaufbau?

Ernährungsgrundlagen I
Ernährungsgrundlagen II
Rezepte
Meditationen

Warum soll ich Sport machen?

Winston Churchill Beantwortete die Frage eines Journalisten wie er trotz Kettenrauchens und Alkohol so ein hohes Alter erreichen mit „No Sports". Auch wenn du dem beistimmst, ist das Thema nicht vom Tisch zu wischen. Denn für einen gesunden Geist, brauchen wir einen gesunden Körper. Bewegung ist wichtig für alle Altersklassen. Vielleicht bringen dich folgende Argumente einem sportlichen Dasein näher.

1. Sport macht schön. Es hat offensichtliche optische Vorteile ein körperlich aktives Leben zu führen. So verbessert sich zum Beispiel die Durchblutung. Die Haut wirkt straffer und das Hautbild verbessert sich. Menschen die Sport machen, werden im Durchschnitt für klüger und attraktiver gehalten. Und werden bei Bewerbungsgesprächen bewusst oder unbewusst bevorzugt, denn sportliches Aussehen wird mit positiven Charaktereigenschaften wie Disziplin, Ehrgeiz und Aktivität verbunden.

2. Sport steigert die Leistung des Gehirns, langfristig und kurzfristig. Im Durchschnitt sind körperlich aktive Menschen besser in der Schule, im

Studium und erfolgreicher in ihrem Beruf. Denn durch körperliche Bewegung verbessert sich die Fähigkeit zu Konzentration und die allgemeine Selbstkontrolle. Zudem kommt es, dass sich „bewegte" Menschen allgemein wohler fühlen. durch Sport kommt es zur einer Vergrößerung der Großhirnrinde und das Risiko für Krankheiten wie Demenz oder Morbus Alzheimer sinkt. Ein Buch welches ich an dieser Stelle sehr empfehlen kann ist: *„Sport macht Schlau"* von Frieder Beck.
Allgemeine Fähigkeiten, die für Leistung in der Schule, Uni oder Beruf wichtig sind, werden durch Sport gestärkt.

3. <u>Sportmacht schlank</u>. Übergewicht hat weitgreifende Folgen: erhöhte Chancen auf Diabeteserkrankungen, Atemprobleme, Bluthochdruck, Rückenschmerzen, Krebserkrankungen oder Probleme im Alltag durch Bewegungseinschränkungen. Übergewicht führt erwiesenermaßen zu Verkürzung der Lebenszeit.

4. <u>Sport stärkt</u>, denn Bewegung stärkt Knochen und Bänder, dadurch sinkt das Verletzungsrisiko im Alltag. Nichts ist besser gegen Rückenschmerzen. Der Wechsel von Anspannung und Entspannung bestimmter Übungen kräftigt die Rückenmuskulatur und beugt Haltungsschäden vor.

5. <u>Sport entspannt</u>, denn Bewegung reduziert unser Stressempfinden und führt dadurch zu einer stabileren Psyche und zu einem glücklicheren Leben.

6. <u>Sport beugt vor.</u> Das Risiko einer Krebserkrankung sinkt durch Sport und guter Ernährung. Bei Entzugsprogrammen in der Suchthilfe und in der Suchtprävention ist Bewegung fixer Bestandteil.

7. <u>Sport hält gesund</u>. Durch Sport stärkst du das Immunsystem, und es sinkt das Risiko, dir eine Viruserkrankung zuzuziehen. Das Herzkreislaufsystem stabilisiert sich, es kommt zur Kräftigung der Herzmuskulatur. Des Weiteren wird der Blutdruck gesenkt und ein verbesserter Stoffwechsel dankt es dir.

8. <u>Sport macht selbstbewusst</u>. Fitness verbessert Selbstbewusstsein und Selbstvertrauen. Mit Sport verbesserst du deine Fitness, nimmst diese positiven Effekte wahr, siehst dich selbst in einem besseren Licht, dein Selbstbewusstsein ist gestärkt und dieser Erfolg bewirkt, dass du mehr Motivation hast Sport zu machen.

9. <u>Sport fördert Kraft</u>, Ausdauer und Schnelligkeit. Er macht dich im Alltag beweglicher, du hältst körperliche Anstrengungen länger durch und du wirst nicht nur in sportlicher Hinsicht schneller.

10. <u>Sport macht glücklich.</u> der Körper schüttet in Bewegung Hormone aus, die dich in gute Stimmung bringen. Bei längerer Belastung führen vom Körper

selbst hergestellte Morphine oft zu einem Ekstase-ähnlichem Zustand, dem „Runners High". Sportliche Betätigung macht auch glücklich, weil erreichte Ziele das Gefühl mit sich bringt Herausforderungen bewältigen zu können.

Was hat Dich angesprochen? Ein, zwei oder drei der zehn angeführten Argumente, oder mehr? Arbeite daran stärker zu sein als Deine Ausreden und finde deine Form der Bewegung an der Du langfristig Freude hast.

MOTIVATION

<u>Die Entscheidung</u>
und der Erste Schritt

> *Auch die längste Reise beginnt mit dem ersten Schritt.*
> Laotse

Gratuliere, du hast den ersten Schritt bereits getan indem du dieses Buch erworben hast. Und jetzt heißt es „dranbleiben"!

Dies ist der Punkt, an dem bereits Viele scheitern. Du erkennst, dass du Sport machen und sich gesund ernähren solltest.

Nimm dir vor, nächste Woche damit anzufangen. Und schiebe es immer weiter auf, bis dich die Motivation verlässt.

Ich fordere dich heraus, wenn du mit dem Gedanken spielst dich zu verändern, dann fangt jetzt an und schiebt es nicht auf morgen! Es ist ein Zeichen. Geh mit Entschlossenheit an die Sache heran. Um etwas Schwung in dein Leben zu bringen.

> *Du bist deine eigene Grenze,*
> *erhebe dich darüber.*
> Hafes

<u>Such dir Vorbilder!</u>

> *Die Menschen glauben den Augen mehr als den Ohren.*
> *Lehren sind ein langweiliger Weg, Vorbilder ein kurzer,*
> *der schnell zum Ziel führt.*
> Seneca

Ein weiterer Punkt, der dir hilft dich zu motivieren, ist dir Vorbilder zu suchen. Am besten in deiner favorisierten Sportart, auch wenn das nicht zwingend notwendig ist. Durch Vorbilder siehst du was, durch Disziplin und harte Arbeit, möglich ist. Ein Vorbild erinnert dich jeden Tag an deine Ziele und nimmt Ausreden ihre Kraft.
Schau dir das Leben deiner Vorbilder an. Welche Maßnahmen ergreifen diese Menschen? Welche Routinen haben sie? Man sieht, dass auch sie einmal klein angefangen haben.
Finde einen Weg regelmäßig an deine Vorbilder erinnert zu werden. Es wird dir neue Motivation liefern.

Ziele setzen
um Erfolg zu haben

> *Der langsamste der sein Ziel nicht aus den Augen vierliert, ist noch immer schneller als der, der ohne Ziele umherirrt,*
>
> Lessing

Jeder von uns hat Träume und Vorstellungen von seinem Traumkörper und seiner Traumleistung im Sport. Warum erreichen nur so wenige diese Träume?

Es ist simpel. Träume, ohne klar definierte Ziele, bleiben nur Träume. Es ist für die meisten leichter Ausreden zu finden, als sich die Arbeit zu machen diese Träume zu verwirklichen.

Also ist unser zweiter und wichtiger Schritt, sich Ziele zu setzen.

Hier sind die wichtigen Schritte:

Schritt 1: Nimm dir ein Blatt Papier und etwas Zeit. Dann schreibe dir alle Ziele (im Bereich Gesundheit, Ernährung, Sport und Bewegung) auf, die du erreichen willst. Es ist eine Art Brainstorming.

> *Beispiel:*   *Ich will 7 Kilo abnehmen.*
>
> *Ich will mich vitaminreich, kohlenhydratearm und eiweißreich ernähren.*

Ich will Muskeln aufbauen.

Ich will fitter sein.

Schritt 2: Nun überlege dir zu jedem dieser Ziele Gründe. Überlege warum du dieses Ziel erreichen willst. Hier wirst du auch schnell merken, wenn du etwas nicht wirklich willst. wenn nötig schau dir die Argumente aus dem Kapitel „Warum soll ich Sport machen" an.

Beispiel:

- *Ich will 7 Kilo abnehmen, weil ich beweglicher sein möchte.*

- *Ich will mich vitaminreich, kohlenhydratearm und eiweißreich ernähren, weil es mir hilft abzunehmen und gesünder zu leben.*

- *Ich will Muskeln aufbauen, weil ich mich dann attraktiver finde.*

- *Ich will fitter sein, weil ich mich so wohler fühle.*

Wenn die Gründe nicht stark genug sind, werden es eure Ausreden sein!

Tony Robbins

Schritt 3: Jetzt streicht ihr alle Ziele, die ihr nicht wirklich erreichen wollt. Dies erkennt man oft daran, dass man nicht genügend Gründe gefunden hat.

Beispiel:
- ~~*Ich will fitter sein, weil ich mich so wohler fühle.*~~

Schritt 4: Nimm dir Zeit für diesen Schritt. Schreibe die Ziele erneut auf und definiert sie klar, dazu die Gründe warum du genau dieses Ziel erreichen willst. Lege fest, woran du erkennst, dass du dein Ziel erreicht hast. Schreibe eine realistische Zeit auf, in der du dieses Ziel erreichen willst. So verfährst du mit jedem Ziel deiner Liste.

Beispiel:
- *Ich will 7 Kilo abnehmen, weil ich beweglicher sein möchte, so kann ich besser trainieren und sehe auch besser aus.*
- *Ich erkenne dass mein Ziel erreicht ist, wenn die Waage 75 Kilo anzeigt und ich meine Hosen eine Kleidergröße kleiner kaufen kann.*
- *Das möchte ich bis zu meinem Geburtstag geschafft haben.*

- *Ich will mich vitaminreich, kohlenhydratearm und eiweißreich ernähren,*

weil es mir hilft abzunehmen und gesünder zu leben.
- *Ich erkenne dass mein Ziel erreicht ist, wenn ich 75 Kilo habe und wenn meine Blutwerte sich bessern.*
- *Das möchte ich bis zu meinem Geburtstag geschafft haben.*

- *Ich will Muskeln aufbauen, weil ich mich dann attraktiver finde und besser aussehe.*
- *Ich erkenne dass mein Ziel erreicht ist, wenn ich an den Oberarmen je 4 cm zugenommen habe.*
- *Das möchte ich bis Anfang August 2018 geschafft haben.*

Schritt 5: Erst jetzt kannst du dir Gedanken machen, wie du diese Ziele erreichen kannst und was es dafür braucht. Wenn du dies noch nicht genau weißt ist es nicht schlimm. Wenn du ein klares Ziel hast und gute Gründe (und dadurch auch eine höhere Motivation). So wirst du die Hindernisse überwinden die dich davon abhalten, deine Ziele zu verwirklichen.

Beispiel:
- *Ich will 7 Kilo abnehmen.*
Das will ich dafür tun:
Ich führe ab morgen einen Essensplan, in dem ich aufschreibe, was ich pro Woche essen möchte, am Tag möchte ich nicht mehr als 1500 Kalorien zu mir nehmen. Ich will dabei viel Gemüse und Eiweiß einplanen.

- *Ich will mich vitaminreich, kohlenhydratearm und eiweißreich ernähren. Siehe oben.*

- *Ich will Muskeln aufbauen.*
Ich mache einen Plan, welche Übungen ich machen will.

Schritt 6: Beginn damit! Mache den ersten Schritt in die Richtung deiner Ziele. Wenn du einen Marathon laufen willst, dann fangt an zu joggen. Und mache dir die ersten Gedanken über einen Trainingsplan.

Warum lege ich so Wert darauf, dass du dir Ziele setzt? Dafür gibt es mehrere Gründe. Wenn du ein Ziel hat, dass du verfolgst, bist du glücklicher und erfüllter. Denn glücklich ist der, der an seinen Aufgaben wächst und in dem Prozess seine Ziele zu erreichen zu einer neuen Person wird.

Es ist ein wichtiger Schritt um die Motivation zu erlangen, die du benötigst um dein Training durchzuziehen und auf deine Ernährung zu achten. Wenn du dir Ziele setzt, ziehst du diese Dinge aus deinen Träumen in die Wirklichkeit. Du realisierst, dass es möglich ist dies tatsächlich zu erreichen.
Denn so bist du auch motiviert, dich an die nächste Herausforderung zu

wagen.

Wirklich großer Erfolg kommt durch wirklich große Ziele. Wir können nicht wachsen, wenn wir zu klein denken. Aber manchmal kann es helfen, sich

Think Big!

zusätzlich auch kleine Ziele zu setzen. Für einen kurzen Zeitraum, um die Motivation auf lange Sicht nicht zu verlieren.

Jeder braucht etwas wofür er brennt,
nennen Sie es Herausforderung oder Ziel.
Es waren die Herausforderungen die uns vom
Höhlenmenschen zu den Sternen führten.

Richard Branson

SMARTe Ziele setzen

Ziele sind wichtig für die Motivation. Sie helfen, die Aufmerksamkeit zu lenken, fördern die Anstrengungsbereitschaft und stärken das Durchhaltevermögen. Das gilt besonders dann, wenn die Ziele „smart" formuliert sind. Diese Abkürzung steht hier für:

S = spezifisch

M = messbar

A = attraktiv

R = realistisch

T = terminiert

Ein Beispiel wie du dein sportliches Ziel smart formulieren kannst: „Laufen macht mir Spaß (A). Ich möchte in drei Monaten (T) an dem 10 km Volkslauf im Nachbarort teilnehmen (S, M). Das dürfte gelingen, weil ich bereits 4 km am Stück laufen kann (R)."

S = Ich möchte an dem <u>Volkslauf im Nachbarort</u>

M = über die <u>Länge von 10 km</u> teilnehmen.

A = <u>Laufen macht mir Spaß! Ich bekomme eine Medaille.</u>

R = Das ist realistisch, <u>weil ich bereits 4 km am Stück laufen kann.</u>

T   =   Ich möchte <u>in drei Monaten </u>an dem Volkslauf im Nachbarort teilnehmen.

Harte Arbeit

Der treibende Motor, den es benötigt um deine Ziele zu erreichen, ist harte Arbeit.

> *Persönlichkeiten werden nicht durch schöne Reden geformt, sondern durch Arbeit und eigene Leistung*
>
> Albert Einstein

Nun komme ich zu der nötigen Einstellung und den Eigenschaften, die enorm wichtig sind um Erfolg zu haben.
Um diesen Punkt kommst du nicht herum, wenn du Erfolg haben willst und hier brauchst du dir auch keine Illusionen zu machen. Niemand den wir als erfolgreich sehen und beneiden, hat seine Ziele ohne harte Arbeit. erreicht Du kannst dir viele weitere Fitnessbücher holen, aber die Wahrheit ist, es gibt keinen Geheimtrick mit dem du ohne etwas zu tun ein Six-Pack bekommst. Natürlich habe ich Tipps, die helfen dranzubleiben, es ist aber vor allem Disziplin und harte Arbeit
Wäre es einfach, würde es jeder machen. Es zu tun und dich reinzuhängen kann dir auch niemand abnehmen. Wenn es einfach wäre, würden wir auch nicht an unseren Aufgaben wachsen, wir würden nicht lernen.

Ehrgeiz und Wille

Es gibt einen weiteren Punkt, der eng mit dem vorherigen einhergeht.
Wir sollten uns großen Herausforderungen stellen und den Ehrgeiz haben sie zu meistern. Denn an solchen Herausforderungen wachsen wir. Und wenn wir eine Herausforderung gemeistert haben, suchen wir uns die nächste, vielleicht noch größere Herausforderung.

Mit harter Arbeit, ist gezielte Arbeit gemeint, die dich deinen Zielen näher bringt. Harte Arbeit ist einer von vielen Punkten die erfolgreiche Menschen von weniger erfolgreichen unterscheidet. Das ist kein tiefgründiges Geheimnis und dennoch warten Viele, dass ihnen das Gewünschte in den Schoss fällt.
Selbstdisziplin und Entschlossenheit braucht der, der eine Aufgabe meistern will, diese Eigenschaften basieren auf Willenskraft. Willensstärke zeigt sich in Hartnäckigkeit, Zielstrebigkeit, und Entschlossenheit. Oft werden Projekte

aufgegeben, weil es an Durchsetzungsvermögen und Disziplin mangelt.

Es fehlt uns oft der nötige Biss und der Wille unsere Ziele zu verfolgen.

Mein Fazit ist, dass du zum Erreichen deiner Ziele dafür brennen musst, einen Ehrgeiz entwickeln, einen eisernen Willen dein Ziel zu erreichen und mit jedem Tag besser zu werden.

Willenskraft ist die Fähigkeit sich selbst zu steuern. Nur, wenn du weißt, wie du die Kraft des Willens richtig nutzt, kannst du dich aufraffen und dein Ziel ansteuern. Wie kannst du deine Willenskraft stärken und Hindernisse umschiffen?

Willensstärke ist an folgenden Merkmalen zu erkennen:
- Vorhaben werden ohne Aufschub und Zweifel begonnen.
- Die Energie fokussiert sich auf das Wichtigste.
- Hürden führen zu verstärktem Antrieb.
- Aufgeben ist keine Option.
- Disziplin ist selbstverständlich.

Der gute Tipp:

Wie du deine Willenskraft stärken kannst:

- *Akzeptiere keine Grenzen ohne diese zu hinterfragen.*
- *Lerne aus Misserfolgen und mach weiter.*
- *Hürden führen zu verstärktem Antrieb.*
- *Aufgeben ist keine Option.*
- *Übe Disziplin.*

Selbstdisziplin, Rückgrat und Durchhaltevermögen sind nicht in immer gleich stark. Wenn eine Mutter, für ihr Kind eine Bedrohung sieht, entwickelt sie eine unglaubliche Willensstärke es zu schützen. Wenn du durstig bist, ist dein Wille stark Wasser zu organisieren, denn du musst trinken, um zu leben. Wenn du jedoch mit aufhören willst zu Rauchen oder wenn du abnehmen willst, dann verhält es sich mit deiner Entschlossenheit nicht ganz so. Nach wenigen Tagen sind so manche gute Vorsätze dahin. Wenn du deine Willensstärke trainierst und dich selbst anfeuerst, erreichst du auch hochgesteckte Ziele. Je stärker die Gegenkraft ist desto mehr Willenskraft und Disziplin wirst du aufbringen müssen.

> *Der Wille öffnet die Türe zum Erfolg*
> Luis Pasteur

Disziplin

> *Disziplin ist eine Frage der Zielbewusstheit. Wer seine Bilder klar vor Augen hat, kann die nächste Handlungsgelegenheit nicht abwarten.*
>
> Arnold Schwarzenegger

Sicher weißt du es schon, aber manchmal muss man es nochmal von anderen hören um es zu verinnerlichen. Kein Erfolg kommt ohne Disziplin.

Es ist erstaunlich, wie wenig Disziplin wir haben, obwohl die Vorteile eigentlich offensichtlich sind und für sich sprechen. Disziplin kannst du entwickeln, wenn du gute Ziele hast und motiviert bist.

So veränderst du deinen Körper langsam

Dein Körper ist das Produkt deiner bisherigen Lebensweise. Hast du dir schon überlegt, was genau du verändern willst?
Wie ernährst du dich?
Schaffst du es statt Schokolade einen Apfel zu essen? Solche kleinen Entscheidungen haben einen großen Einfluss auf uns. Denn dein Körper ist das Ergebnis von den vielen kleinen Entscheidungen, die du jeden Tag triffst. Dessen solltest du dir bewusst werden, denn dies bedeutet auch, dass du jeden Tag die Chance hast, etwas zu verändern
Dies ist ein sehr entscheidender Punkt. Das Wissen, dass deine Entscheidungen, deine Zukunft bestimmen. Dir ist es bestimmt auch bereits aufgefallen, dass es, wenn du einmal einen Vorsatz gebrochen hast, viel leichter fällt ihn abermals zu brechen. Also überlege dir gut, wie du dich entscheiden willst. Wenn du es geschafft hast die erste Zeit diszipliniert zu sein, geschieht ein Wunder, denn es wird dann immer einfacher deinen Plan durchzuziehen. Vielleicht kannst du dir nach einiger Zeit gar nicht mehr vorstellen ein Couchpotatoe zu sein.

> *Nur wer sich verändert*
> *bleibt sich treu..*
>
> Wolf Biermann

Wenn wir nicht diszipliniert sind:

Die Faulheit übernimmt, die natürlichen und kurzfristigen Gelüste bestimmen den Tag.

Der Tagesablauf wird mehr und mehr fremdbestimmt.

Ziele werden nicht erreicht und ein dementsprechend schlechtes Gefühl der Schuld macht sich breit. Das Selbstwertgefühl sinkt.

Was genau ist Disziplin?

Disziplin ist per Definition, die konsequente Einhaltung von Regeln. In diesem Kapitel ist hauptsächlich von Selbstdisziplin die Rede. Also die konsequente Einhaltung der selbstauferlegten Regeln.

Warum brauchen wir Disziplin?

Die Ergebnisse von guter Disziplin sind beeindruckend und deutlich erfüllender, als kurzfristiger Spaß. Es führt zu mehr Glück, mit Disziplin ein Ziel zu verfolgen, als faul zu sein und zu tun worauf man gerade Lust hat.

Der gute Tipp

Dazu kann ich aus eigener Erfahrung sagen: Wenn du etwas wirklich, wirklich willst, wenn du für etwas brennst, brauchst du schon eher Disziplin mit der Arbeit aufzuhören! Da musst du dich manchmal sogar zwingen!.

Du hast einen Lotto Sechser gemacht, wenn du Lust hast, dein Ziel zu verfolgen. Das ist eine Frage der mentalen Einstellung, dazu kommen wir später.

Disziplin und Selbstkontrolle sind Geschwister, und die Mögen Ablenkung nicht. Zu guter Selbstdisziplin bedarf es auch die Fähigkeit der Selbstwahrnehmung um zu realisieren, wenn man vom Weg abweicht.

- Disziplin ist die Voraussetzung um dran zu bleiben und deine Ziele zu erreichen. Wenn du das verinnerlicht hast, hilft es dir durch alle Lebenslagen-
- Du wirst es am Beispiel Sport sehen. Hier sieht man sehr schnell, wie sich Disziplin auswirkt.
- Durch Disziplin hat man am Ende mehr Freiheit, weil sich neue Wege eröffnen

> *Es gibt nichts besseres als Selbstbeherrschung,*
> *wer andere besiegt ist stark,*
> *wer sich selbst besiegt ist mächtig*
>
> Laotse

•Ich denke es hilft sich bewusst zu machen, wo du disziplinierter werden willst und dir dies dann zum Ziel zu setzen und dann daran zu arbeiten. Es ist wichtig, vor allem wenn du einen Durchhänger hast, wenn andere aufgeben und verzweifeln würden, kannst du die Disziplin haben um weiterzumachen.

Erwartung

> Versuche nicht besser zu sein als die anderen, versuche besser zu sein, als du gestern warst.
>
> unbekannt

Dein Körper ist das Spiegelbild deiner Erwartungen, nicht deiner Wünsche. Wenn du von dir erwartest ein Six-Pack zu haben, dann wirst du alles dran setzen dein Six-Pack zu bekommen. Wenn du dir nur ein Six-Pack wünschst und denkst, dass es nett aussehen würde, dann wirst du höchst wahrscheinlich nicht die Motivation aufbringen so hart zu trainieren.

Um die Erwartungen an dich zu erhöhen, benötigst du gute Gründe, die deine Ziele unterstützen. Akzeptiere keine Ausreden, sei nicht zufrieden mit der Person, die du gestern warst. Aber sei glücklich mit dem, was du hast, während du alles daran setzt, deine Ziele zu erreichen. Nur wer sich ständig verbessert, lebt zufrieden mit sich selbst.

Achtung: Dies heißt nicht, dass du ständig unzufrieden mit dir sein sollst. Du sollst jedoch das Verlangen entwickeln, dich mental und körperlich zu entwickeln.

> Sei zufrieden mit dem was du hast, während du das verfolgst was du begehrst.
>
> Tony Robbins

Veränderung

Um dich herum finden tagtäglich Veränderungen statt.Schon durch kleine Schritte im Alltag kann man eine große Wirkung erzielen.

Achte ganz bewusst darauf deine Haltung zu verbessern um Rückenschmerzen vorzubeugen und trainiere deine Körperspannung. Oder fahre mit dem Fahrrad statt mit dem Auto. Die Übung solcher kleinen Schritte helfen beim Training deiner Disziplin. So veränderst du deine Körperdynamik langsam.

Iss statt Schokolade einen Apfel, immer wieder! Diese und ähnliche kleine Entscheidungen haben großen Einfluss auf uns. Denn unser Körper, wie er jetzt im Moment ist, ist das Ergebnis von vielen kleinen tagtäglich getroffenen Entscheidungen. Dessen gilt es bewusst zu werden, denn dies bedeutet auch, dass wir jeden Tag die Chance haben, unsere Zukunft zu bestimmen.

Dieser Punkt ist entscheidend. Das Wissen, das alle Entscheidungen unsere Zukunft bestimmen. Wenn einmal ein Vorsatz gebrochen ist, fällt es viel leichter ist ihn wieder zu brechen. Also überlegen wir uns jede Entscheidung ganz bewusst, denn dasselbe gilt auch umgekehrt, je öfter wir uns diszipliniert verhalten, desto einfacher wird es für uns, einen Plan durchzuziehen, übergreifend in allen Bereichen unseres Lebens.

Routine

Das Entwickeln einer Routine ist entscheidend für den langfristigen Erfolg im Sport.

> *Entwickeln Sie die Gewohnheit zum Erfolg*
>
> Warren Buffet

Vieles im Leben erfolgreicher Menschen ist auf gut funktionierende Routinen zurück zu führen. Vieles, das in unserem Leben schief läuft, ist ebenfalls auf Routinen und Angewohnheiten zurück zu führen. In diesem Fall auf schlechte, negative und unproduktive.

Eine Routine ist etwas, das wir regelmäßig machen. Etwas, das wir schon oft gemacht haben und das uns deshalb auch leicht fällt. Meist verspüren wir eine Art Befriedigung, die Belohnung, wenn wir sie ausführen. Zum Beispiel, wenn man nach der Arbeit nach Hause kommt, sich auf die Couch legt und den Fernseher anschaltet. Oder am Morgen als erstes auf YouTube oder Facebook geht. Das ist unsere Routine, die mit einer Ablenkung belohnt wird. Eine Ablenkung vom stressigen Alltag, vor allem eine Ablenkung von unseren

Problemen, die wir so für einen Moment in den Hintergrund drängen.

Wir definieren uns über unsere Routinen. Ein Sportler zum Beispiel, ist auch nur ein Sportler, weil er regelmäßig Sport treibt. Dies verschafft ihm Befriedigung und umgekehrt Unbehagen, wenn er ein Training ausfallen lässt.

> *Wir sind, was wir wiederholt tun.*
> *Vorzüglichkeit ist daher keine Handlung,*
> *sondern eine Gewohnheit!*
>
> Aristoteles

Was genau ist eine Routine überhaupt?

Die Routine besteht aus drei Teilen

1. Dem Auslöser, zum Beispiel Hunger.
2. Der Routinehandlung, zum Schrank gehen und sich etwas zu essen zu holen.
3. Der Belohnung nach der Routinehandlung, dem Sättigungsgefühl.

Der erste Schritt, wenn du dein Leben verändern willst, ist...

Schritt 1 ...deine unproduktiven Angewohnheiten zu erkennen.
Beispiel: An Feierabend setze ich mich auf die Couch und zappe durch die TV Programme

identifiziere diese Routine, definiere sie genau, schreibe dir auch die möglichen Folgen deiner Routine auf.
Beispiel: Nach der Arbeit komme ich nach Hause, ich schiebe eine Pizza ins Backrohr, hol mir ein Bier und setze mich vor die Glotze, dann beginne ich fernzusehen. Nichts interessiert mich wirklich und ich hüpfe mit der Fernbedienung von einem Programm zum nächsten.
die möglichen Folgen:
Ich vertue Zeit, die ich sinnvoller nutzen kann. Wenn ich so weiter mache, werde ich träge und fett.

Schritt 2   Finde zuerst heraus, welches Verlangen deiner Routine wirklich zugrunde liegt. Lass dir Zeit zum überlegen.

Beispiel: Ich bin abends müde und ausgelaugt ich denke, ich bin zu müde um irgendetwas anderes zu machen als fernzusehen. Da will ich auch nicht mehr nachdenken, nur mehr abhängen. Ich glaube auch, dass ich mir damit etwas gutes tun will.
Das Verlangen: Ich habe das Verlangen etwas gutes für mich zu tun.
Der AHA Effekt: Tut mir das, was ich bisher gemacht habe wirklich gut? NEIN, tut es nicht.

Schritt 3   Finde den Auslöser indem du dir einige Fragen stellst.

Beispiel:
Zu welcher Uhrzeit falle ich in diese Routinehandlung?
Wo bin ich da?
Wie fühle ich mich da?
Was habe ich zuvor gemacht?
Wer ist dabei?

Beobachte Dich! Frage Dich bei Beginn deiner Routinehandlung. Diese Fragen aus dem Beispielen oder andere, Hauptsache du analysierst dein Verhalten, je genauer, desto besser. Gib dir ruhig ein paar Tage Zeit. Um beim Beispiel zu bleiben, könnte der Griff zur Fernbedienung durch Langeweile oder weil gerade eine bestimmte Uhrzeit ist oder weil jemand anderes auch vor dem Fernseher sitzt ausgelöst werden.

Schritt 4: Überlege und plane was du stattdessen machen kannst. Wenn du in den vorangegangenen Schritten herausgefunden hast, dass es der Wunsch danach ist, dir etwas gutes zu tun, überlege wodurch du die unerwünscht Handlung ersetzen kannst. Am besten natürlich durch etwas Positives. Es ist wichtig verschiedene Dinge auszuprobieren, um etwas Passendes zu finden.

Beispiele:
* Ein Spaziergang tut mir gut.
* Beim Joggen holen ich meine Lebensgeister wieder hervor.
* Ich koche mir erst einmal etwas leckeres, dabei kann ich auch entspannen.
* Im Fitnessstudio kann ich mich richtig auspowern, danach fühle ich mich wie neu geboren.

Sofort nachdem du deine neuen Ideen geboren hast, beginn zu planen.

Beispiel:
Du entscheidest
* Ich könnte 3 mal die Woche joggen.
* Morgen kaufe ich ein um mir etwas zu kochen.

* Ich mache mir eine Schnuppertraining im Fitnessstudio aus.

Schritt 5: Und jetzt kommt´s. Der nächste Schritt ist ausschlaggebend für eine Veränderung, für deine Veränderung!

Schon zu Beginn deines Analyseprozesses, - dieser kann durchaus länger dauern und du sollst dir ja wirklich dafür Zeit nehmen -....

…......steig aus der gewohnten Routine aus!

Und zwar ganz brutal.

Der gute Tipp

Spätestens nach Schritt 4 denkst du dir was verrücktes aus, etwas schräges, oder etwas das dir wirklich total Spaß macht! Oder fahr mit dem Bus statt mit dem Auto, Geh nach der Arbeit nicht gleich nach Hause sondern ins Museum. Erlaube dir alles zu tun mit einer Ausnahme: Die alte Routinehandlung.

<u>Wofür brauchst du positive Routinen?</u>

Weil dich Motivation allein nicht zum Erfolg führt. Oftmals verschwindet die Motivation, oder du hast unmotivierte Tage, dann ist es wichtig, dass du eine Routine hast, dass du trotzdem trainieren gehst, obwohl du heute wirklich keine Lust dazu hast. Du gehst, weil es inzwischen zu deinem Alltag gehört. Erfolgreiche Menschen automatisieren einen Großteil der wichtigen Schritte, die es für ihren Erfolg braucht.

Jetzt habe ich euch vorgestellt, wie Routinen allgemein funktionieren und warum sie für den Erfolg im Sport wichtig sind.

Fehler

Der Million Dollar Fehler

Der legendärer amerikanischer Unternehmer Andrew Carnegie hatte einen neuen Mitarbeiter in der Funktion eines Managers eingestellt. Dieser traf eine Entscheidung die zu einem Verlust von nicht mehr und nicht weniger als einer Million Dollar führte. Carnegie zitierte den Manager zu sich. Dieser betrat Carnegies Büro sehr verlegen, der Fehler war ihm mehr als peinlich und er sagte:"Sie werden mich jetzt ganz bestimmt entlassen." Aber Carnegie erwiderte: „Sind Sie verrückt? Ich habe soeben eine Million in ihre Ausbildung investiert, da werde ich sie doch nicht feuern!"

Alle Menschen begehen viele Fehler in ihrem Leben. Nicht nur in Bezug auf Sport und Gesundheit. Viele Menschen haben Angst vor Fehlern und machen deshalb den weitaus schlimmeren Fehler, sie hören auf Neues zu versuchen.

> Wir müsser schneller Fehler machen, un schneller zu lernen und um schneller Erfolg zu haben.!
>
> Deepak Sethi

Fehler sind Teil des Erfolgs, denn aus Fehlern lernst du. Sieh es positiv , wenn du Fehler machst, weil daraus die Chance für deinen Fortschritt entsteht. Es ist die effektivste Art zu trainieren.

Es gibt also auch keinen Grund sich stundenlang über Fehler aufzuregen. Du musst sie erkennen, analysieren, eine Konsequenz ziehen und weitermachen. Das ist eine sehr wichtige Einstellung, wenn du Erfolg haben willst, nicht nur im Sport. Was ich also hiermit sagen will ist: Lass dich durch Fehler nicht entmutigen oder gar aufhalten, wenn du etwas erreichen willst. Heiße sie willkommen und lerne aus den Fehlern. Beim nächsten Mal weißt du es besser und dann konzentriere dich nicht auf den Fehler, sondern darauf wie es richtig geht, dann wirst du über dich hinaus wachsen.

> Scheitern ist die Gelegenheit, neu zu beginnen, dieses Mal schon klüger!
>
> Herny Ford

Leistungen dokumentieren

Deine Leistung im Sport zu dokumentieren ist ein sehr gutes Hilfsmittel um deine Leistung langfristig zu verbessern. Für Anfänger und Fortgeschrittene hilft die Dokumentation dabei das Training zu optimieren, die Motivation zu erhöhen und motiviert zu bleiben.

Wie dokumentiert man?

Optimal ist ein kleines Notizbuch, hier schreibst du zu jedem Tag stichwortartige Notizen auf: Wie viel Stunden Schlaf du hattest, was du gegessen hast und natürlich wie lange du trainiert hast. Welche Übungen du gemacht hast und wie anstrengend diese Übungen waren.

Zum Beispiel: 3 Kilometer Joggen in 20 Minuten, war kein Problem, war nicht außer Atem.

Achtung: Benutze immer ein Datum. In wenigen Wochen hast du das Meiste bereits wieder vergessen und kannst es ohne Datum nicht mehr einordnen.

Zusätzlich schreibe auf, wie du sich fühlst, ob du Muskelkater oder Schmerzen hattest.

Außerdem ist es sehr hilfreich wöchentlich ein Foto von dir zu machen um den körperlichen Fortschritt zu dokumentieren. Dich in regelmäßigen Abständen zu wiegen, und wenn du möchtest auch messen, kann richtig anspornen.

Warum ist es wichtig zu dokumentieren?

Einer der wichtigsten Gründe ist die Motivation. Es motiviert dich, wenn du den Fortschritt siehst. Wenn du plötzlich viel mehr Übungen oder Wiederholungen machen kannst oder beim Joggen schneller vorankommst. Durch die Dokumentation hast du deinen Fortschritt immer vor dir. Die Bilder zu sehen, motiviert dich ebenfalls. Entweder, weil du noch nicht zufrieden bist oder weil du den Fortschritt siehst und dadurch motiviert bist dich weiterhin anzustrengen.

Ein weiterer Grund ist das schlechte Gewissen. Wenn du dir immer Notizen machst, wird dir schneller bewusst, wann du faul warst und

Trainingseinheiten aus unnötigen Gründen ausfallen hast lassen.

Es dient dir um zu sehen, welches Training für dich gut funktioniert hat oder welche Auswirkung deine Ernährung auf deine Leistung hat. So kannst du mit der Zeit, dein Training optimieren.

Durch die Dokumentation kann die Regeneration optimiert werden. Übertraining kann vermieden werden, weil du einen besseren Überblick hast.

Eine solche Dokumentation führt langfristig zu einer besseren Struktur deines Trainingsplans. Bei Verletzungen oder Krankheiten kannst du die Ursache leichter herausfinden, sowie Trainingsdefizite ausgleichen. Es kann auch eine hilfreiche Stütze für deine Ärzte oder Trainer sein.

Solange du keine Aufsätze schreibst, bleibt es meistens bei 5 Minuten am Tag. Wichtig ist es zwar Details aufzuschreiben, aber alles in kurzer und knapper Form. Denn wenn das Schreiben zu aufwändig ist, läufst du Gefahr das Ganze hinzuschmeißen. Die Daten in Kürze sind ein sehr gutes Hilfsmittel um deine Leistung im Sport zu optimieren.

Der gute Tipp

Ich persönlich liebe Listen, sie geben mir Sicherheit. Ob du dir am Computer eine Excel Liste erstellst und deine Eintragungen elektronisch machst, eine der tollen Apps für das Handy verwendest oder dir eine Leere Liste ausdruckst und per Hand ausfüllst ist egal,

Was auf einer Trainingsliste mindestens angeführt werden soll:

Datum - Dauer der Übung - Anzahl der Wiederholungen – Notizen

Talent:

> *Unzufriedenheit mit sich selbst bildet ein Grundelement des Talents!*
>
> Tschechow

Ist Talent angeb

Wurden erfolgreiche Menschen schon mit einem genetischen Vorteil auf die Welt gebracht? Und hat sie dieser genetische Vorteil zum Erfolg gebracht?

Es gibt unzählige Talente, sportliche, künstlerische, numerische, intellektuelle und nicht-intellektuelle. All die Talente verbergen sich, so die verbreitete Meinung, in jedem von uns. Um das Talent auch zum Vorschein zu bringen, den Schritt vom Talent zum Herausragenden zu schaffen, gilt es mehr als die Anderen dafür zu leisten, die Grenzen des eigenen Könnens zu sprengen. Also üben - üben - üben. Talent bildet die Möglichkeit zum Besonderen, nicht die Leistung an sich. Ergänze das vorhandene Potenzial um Ausdauer, Motivation und Leistung.

Wer zählt nun als „talentiert" oder „begabt"? Ich rede nun, von den Menschen, die bereits zu den Besten gehören. Sei es im Leistungssport, oder in der Musik oder auch in der Wirtschaft. Menschen für die wir definitiv den Begriff talentiert verwenden können.

Haben solche Menschen einen nachweisbaren körperlichen Vorteil?

In den allermeisten Fällen, ja. Sportler haben oft größere Herzen, verarbeiten Laktat besser, haben offensichtlich mehr Muskeln oder eine herausragende Koordination, Schnelligkeit, Ausdauer oder Reflexe. Dies sind Vorteile, die durch ausgiebiges Training entstehen. Und es gibt aber auch genetische Unterschiede. Wie zum Beispiel die Größe, unseren Körpertyp und auch der Anteil an unterschiedlichen Muskelfasern, die Einfluss auf unsere Leistung haben.

<u>Fazit:</u>

Ja es gibt genetische Unterschiede, die oft auch tatsächlich unseren Weg bestimmen. Und dieser Punkt ist auch nicht außer Acht zu lassen und von einem wissenschaftlichen Standpunkt wiegen beide Argumente auch ähnlich schwer. An unserer Genetik können wir nun mal nichts ändern. Das was wir oft Talent nennen und an erfolgreichen Menschen bewundern, hat viel mehr mit hartem und effektivem Training zu tun, mit einer Leidenschaft, die andere Menschen nicht besitzen und mit der gezielten Förderung durch Eltern oder Trainer.

Natürlich solltest du dir Gedanken machen, ob du in die richtige Richtung gehst. Aber oftmals findet man Gefallen an den Dingen, für die man auch das nötige Potenzial hat und dann sollte man sich definitiv nicht von seinem Ziel abbringen lassen.

Die traurige Wahrheit ist, viele benutzen es als Ausrede. „Ich kann nicht erfolgreich werden, denn ich habe kein Talent." Man nimmt meiner nach erfolgreichen Menschen die Anerkennung, wenn man sagt „Der hat halt Talent". Obwohl diese Menschen in Wahrheit extrem hart und über viele Jahre dafür gearbeitet haben. Sie haben für ihren Erfolg auch einiges aufgeben müssen. Manche sagen auch, ja wenn ich so einen Körper wie der hätte oder so schlau wäre, hätte ich auch Erfolg. Auch wenn die meisten von uns gerne den Körper von Michael Phelps hätten, wären wir trotzdem relativ unsportlich und auf keinen Fall Olympiasieger, weil wir nicht dieselbe Motivation haben und nicht dieselbe Selbstdisziplin und nicht dasselbe Ziel, weil wir zu faul sind um einen solchen Trainingsaufwand zu betreiben.

Benutzt die Genetik also niemals als Ausrede. Ja vielleicht hatte Michael Phelps sehr gute körperliche Voraussetzungen, aber dabei darf man das

Wichtigste nicht vergessen. Die unglaubliche Anzahl an Stunden Training, die ihn zum Erfolg geführt haben. Und seine Mentalität niemals aufzugeben.

> *Wenn es einfach wäre, würde es jeder tun.*
>
> Michael Phelps

Es gehören viele Komponenten dazu erfolgreich zu sein, aber wer schon aufgibt, bevor er überhaupt angefangen hat, wird definitiv niemals erfolgreich sein.

Zu diesem Thema bleibt anzumerken, um fit zu werden, ist die Frage, ob man die richtigen Gene hat, irrelevant. Dies ist nur interessant, wenn man in den Leistungsbereich gehen will.

Aber dieses Thema ist mir wichtig um eine häufige Ausrede für mangelnden Erfolg auszumerzen. Es gibt für jeden etwas, das ihm Spaß macht und fordert. Man darf sich nicht aufhalten lassen von der Denkweise, dass man etwas nicht kann.

<u>Wissen aneignen</u>

Es ist wichtig sich zu informieren, natürlich auch über dieses Buch hinaus. Und nur weil etwas in einem Buch steht, muss es ja auch nicht automatisch stimmen. Deshalb niemals nur auf eine Informationsquelle hören, so vermeidest du Fehler im Training oder auch schlechte Trainingspläne oder Trainer. Wenn du dich vielseitig informierst, bist du in der Lage deinen Trainingsplan selbst zu optimieren.

Zudem entwickelst du mit der Zeit ein tieferes Verständnis für deinen Sport. Das Lernen und Aneignen von Wissen hört nie auf. Die besten Athleten versuchen, trotz erfolgreicher Karriere, immer etwas Neues zu lernen. Lass dich nicht überfordern! Natürlich klingt jetzt alles so, als müsstest du jede freie Minute damit verbringen Sport zu treiben, dich zu dehnen oder gesund zu ernähren. Du wirst merken, dass das Gegenteil eintritt, dass dir das Training kaum Zeit raubt, sobald du routiniert bist. Erfahrungsgemäß steigert sich die Produktivität des Menschen durch Sport. Und du wirst das Training niemals als verschwendete Zeit sehen und dich weitaus besser fühlen, als wenn du auf der Couch vor dem Fernseher sitzt. Die Disziplin, die du erarbeitest um fit zu werden, wird dir übergreifend auch in vielen anderen

Bereichen des Lebens zugutekommen.

Ich hoffe, dass du verstehst, dass du nur dieses Leben hast. Du musst dich um deinen Körper kümmern. Denn er spielt eine entscheidende Rolle in deinem Leben. Es ist unsinnig zu glauben, dass unser Körper mit einem glücklichen Leben in keinerlei Verbindung steht. Du wirst Hindernisse überwinden und das Beste aus deinen Einschränkungen machen.

Für mich ist Sport ein Weg um mein Leben und meine Emotionen unter Kontrolle zu bringen, es bringt mir viel Positives für mein Leben. Es ist nicht immer einfach, aber es lohnt sich immer!

Du solltest dich wundern, wenn dir jemand Erfolg ohne Anstrengung verspricht. Also lasse dich nicht von solchen Lügen verführen.

Es gibt keine Abkürzung um deine Ziele zu erreichen, aber du kannst deine Ziele schneller erreichen, wenn du einige der Techniken, die ich beschreibe, in deinem Leben anwendest.

Wenn du Erfolg willst und ein besseres Leben als zuvor, musst du dich verändern. Wenn du Veränderung willst musst du sie einleiten. Ich rate dir sehr bei deiner Gesundheit anzufangen. Unabhängig davon was du sonst in deinem Leben erreichen willst.

Ich will auch, dass du dich von dem Gedanken befreist, dass du etwas nicht erreichen kannst. Disziplin und Motivation, sowie effektives Training sind viel wichtiger als Genetik. Nur weil dir etwas noch nicht so leicht fällt wie anderen, heißt das nicht, dass du nicht auch fit werden kannst. Befreie dich von diesen einschränkenden Gedanken.

Für viele ist es lebensverändernd sich Ziele zu setzten im Leben.

Hier noch einmal die einzelnen Schritte zusammengefasst, natürlich kannst du einige Schritte auch gleichzeitig angehen:

1. Anfangen und Vorsätze mit Taten unterstreichen

2. Ziele setzen und Gründe dafür erarbeiten

3. Alltag strukturieren, auf Zeitmanagement achten

4. Etwas finden, das dir Spaß macht und deinen Interessen entspricht

5.   Pläne erstellen, dabei auf Zusammenspiel von Training und Regeneration achten

6.   Routinen entwickeln

7.   Sich Vorbilder suchen und Leistungen dokumentieren.

Überzeuge dich selbst und wechsle die Perspektive. Denke nicht: „Ich muss, ich soll", sondern sage: „Ich will, ich kann, ich darf!" Denn was du wirklich willst, setzt du auch gegen Widerstände durch. Was du kannst, macht dich stolz, was du darfst, macht frei, es tatsächlich zu tun.

Probier es aus, die Taktik funktioniert. Wenn du im Sessel sitzt und dir sagst: „Eigentlich müsste ich mich heute noch ein bisschen bewegen", tut sich rein gar nichts. Weder die innere noch die äußere Haltung ändern sich.

Gehst du aber mit fester Überzeugung an dein Vorhaben und sagst dir: „Genug gesessen. Ich will mich jetzt bewegen!", wirst du den Ruck spüren, der durch deinen Körper geht und dich antreibt. Dein innerer Motor wird in Schwung versetzt.

Deine Motivationssprüche könnten vielleicht so lauten wie unten aufgeschrieben: Such dir den Spruch aus, der am besten zu dir passt oder schreibe deinen eigenen Satz auf und sag ihn dir 1-mal am Tag laut vor.

Ich mache Sport, weil ich es will.

Ich mache Sport, weil ich dann an der frischen Luft bin.

Ich bin gern in Bewegung, weil sich mein Körper dann lebendig anfühlt.

Ich mache Sport, weil ich dann mit anderen zusammen bin.

Überwindung

Folgende Tipps erleichtern dir den Einstieg in ein regelmäßiges Stärkungsprogramm:

1. Verabrede dich zum Sport. Eine Verabredung sagst du wahrscheinlich ungern ab. Mitstreiter geben dir darüber hinaus mentale Unterstützung.

2. Trage Bewegungszeiten fest in deinen Kalender ein. Dann funktioniert die Ausrede „dir fehle die Zeit" nicht mehr,.

3. Routine hilft: Mache z. B. jeden Morgen vor dem Frühstück 5–10 Min. Gymnastik. Geh jeden Montag zum Schwimmen. Dinge, die du gewohnt bist, machst du, ohne nachzudenken.

4. Zieh dir Sportkleidung an, schnüre die Laufschuhe, packe die Sporttasche. Das aktiviert und versetzt in Bewegungsstimmung.

5. Stell dir das gute Gefühl vor, wenn du ausgepowert nach Hause kommst. Das macht regelrecht Lust auf Bewegung.

6. Such dir einen Ort aus, an dem du dich wohl fühlst – für den einen ist

es der Sportverein, für den anderen ein Fitnessstudio. Wieder anderen genügt einfach nur die richtige Musik, um sich z. B. beim Jogging oder Walking auszutoben.

7. Denk positiv. Sag dir: „Das schaffe ich" und nicht: „Das könnte ich vielleicht schaffen."

Selbsteinschätzung

Wichtig für einen (Neu-)Start für mehr Körperkraft ist es, die eigenen Motive und Erwartungen zu (er-)kennen. Mach dir klar: Warum willst du an deinem jetzigen Zustand etwas ändern und z. B. mit Sport anfangen? Was macht dir an Bewegung Spaß? Folgende Überlegungen werden dir helfen, das passende Angebot und die Motivation zu finden, bei der Stange zu bleiben:

Ist es dir vor allem wichtig, fit zu werden oder zu bleiben und eine gute Figur zu haben? Dann könnte beispielsweise ein Bauch-Beine-Po-Kurs genau der richtige Einstieg sein oder ein gerätegestütztes Muskeltraining im Fitnessstudio.

Ausreden

Erstelle eine Liste mit den häufigsten Ausreden, die du in
der Vergangenheit benutzt hast oder die dir spontan einfallen.
(„Heute ist das Wetter zu schlecht zum joggen", „heute fühle ich mich nicht so gut, ich setze das Training aus.", „heute habe ich keine Zeit" usw.).
Wenn du diese Liste erstellt hast, kannst du sie immer hervorholen,
wenn dich etwas vom Training abhalten will. Du wirst deine aktuelle Ausrede auf der Liste wiederfinden. Dir wird klar, dass Du schon vorher wusstest, dass du sie benutzen wirst. Es handelt sich also wirklich nur um eine Ausrede! Das wird dich motivieren, dich von einer billigen Ausrede nicht vom Training abhalten zu lassen.

Zeitmanagement

Eine Ausrede höre ich sehr häufig: *„Ich **würde** ja, **aber** ich habe keine Zeit."* Um langfristig erfolgreich zu sein, müsst ihr aber über ein gutes Zeitmanagement verfügen. Es gibt zwei Punkte, die diesem Problem zu Grunde liegen. Ich werde sie euch vorstellen und erklären, wie man dieses Problem unter Kontrolle bekommt

1. den Alltag strukturieren

Es gibt nichts, was uns so viel Stress bereitet wie unser Alltag. Oft haben wir enormen Stress, weil wir von einer Sache zur nächsten hetzen und dabei versuchen alles im Kopf zu behalten, was noch erledigt werden muss. Im Stress arbeiten wir jedoch nicht effektiver, sondern meistens nur hektischer. Langfristig werden wir dadurch unglücklich, Stress ist der Nummer-1 Faktor für Burnout.

Ein sehr hilfreicher Schritt ist es eine To-do-Liste zu führen.
Sie ist das einfachste Werkzeug um seinen Alltag unter Kontrolle zu bringen.
Schreibe jeden Abend, die To-do-Liste für den nächsten Tag. Dies hat mehrere Vorteile.
Erstens planst du den Tag im Voraus und verhinderst so, dass du dir zu viel aufhalst.
Zweitens kannst du so schon vorher Schwerpunkte setzten. Du setzt sich also schon vorher mit den Aufgaben auseinander.
Zum dritten verschafft dir eine To-do-Liste mehr Freizeit, weil du effektiver und strukturierter arbeitest und somit Zeit sparst.
Viertens musst du nicht die gesamte Zeit im Kopf behalten, was noch alles zu erledigen ist, denn dies führt oft dazu, dass wir uns von unserem Alltag überwältigt fühlen. Durch die To-do-Liste hast du alles geordnet vor dir. So schaffst du es auch, dir Zeit für Sport freizuhalten.
An dieser Stelle kann ich dir das Buch „Zen To Done" von Leo Babauta sehr empfehlen. Es ist sehr kurz, aber es liefert hilfreiche Tipps zu diesem Thema.
Effektiv zu arbeiten reicht jedoch nicht aus, kommen wir also zum zweiten Punkt.

2. Prioritäten setzen

> „Keine Zeit" gibt es nicht
> nur andere Prioritäten!
>
> Micharl A. Denck

Wir sind sehr gut in der Kunst den ganzen Tag etwas zu machen und sind dabei gestresst ohne produktiv zu sein und voranzukommen. Wenn du nun eine To-do-Liste benutzt, arbeitest du zwar effektiver, aber immer noch an zu vielen Dingen gleichzeitig und vor allem an unwichtigen Dingen.
Wir müssen Prioritäten setzen.

> Es ist nicht wenig Zeit die wir haben,
> sondern es ist viel Zeit
> die wir nicht nutzen.
>
> Seneca

Deine Gesundheit sollte immer deine erste Priorität sein. Oft ist es besser einige Verpflichtungen abzugeben und dich auf die Dinge zu fokussieren, die wichtig sind.
Vergib Prioritätsstufen z.B: 1, 2, 3, wobei 1 die höchste Priorität eingeräumt wird.
Wenn du diese zwei Punkte verinnerlichst und damit dein Zeitmanagement verbesserst, hast du schon eine der schwierigsten Hürden überwunden und du wirst sehen, dass du deutlich mehr freie Zeiten hast.

"Eine Stunde Training nimmt nur 4% deines Tages in Anspruch."

Wenn du auf diese oder eine ähnliche Art planst, wirst du deine Zeit seltener mit unnützen Dingen verschwenden. Denk mal nach, wieviel Zeit du am Handy verbringst um zu spielen oder zu chatten. Das ist Zeit, die du deiner Gesundheit entziehst. Mit einem Plan setzt du deine Zeit sinnvoller ein.

Zum effektivem Planen kann ich dir einen nützlichen Leitfaden mitgeben.
Die ALPEN Technik nach Lothar J. Seiwert

A   =   Aufgaben definieren
L   =   Länge (Zeitdauer) schätzen
P   =   Pufferzeiten einplanen (verplanen Sie sich nicht komplett)
E   =   Entscheidungen treffen (Prioritäten setzen)
N   =   Nachkontrolle (Überprüfung des Tagesplanes)

A   Aufgaben definieren:
Definiere deine Aufgaben genau. Statt Fitnessstudio trage auch ein was genau du dort tun möchtest.
L   Zeitdauer schätzen:
Überlege wie lange du trainieren möchtest. Plane auch die Anfahrtszeit, die Aufwärmzeit und die Zeit die du zum Duschen und zum nach Hause fahren brauchst ein.
P   Pufferzeiten:
Verplane dich nicht komplett, sonst gerätst du in Stress wenn du den Plan nicht mehr einhalten kannst. Außerdem hast du so Zeit für ungeplante Dringlichkeiten.
E   Entscheidungen treffen:
Vergib die Prioritäten. 1-2-3
N   Nachkontrolle:
Überprüfe welche Aufgaben du erledigt hast und welche offen geblieben sind. Übertrage die offen gebliebenen Aufgaben auf den nächsten Tag.

Am besten du beginnst sofort mit deiner Tages Planung damit du sobald wie möglich starten kannst. Beginne mit deiner To Do liste gleich, auch wenn dein

Trainingsplan noch nicht fix ist, beginn sofort mit Bewegungseinheiten, egal welche und zögere das nicht hinaus.

Sport und Bewegung...

...sind für unsere körperliche Fitness und Gesundheit wichtig. Vor allem, wenn du deinen Körper in Form bringen willst.

Über den Körper

Das A und O für starke Muskeln ...
Muskeln, die nicht genutzt werden, erschlaffen und sind nicht mehr in der Lage, ihre Aufgaben zu erfüllen. Eine Aufgabe der Muskulatur ist, die Gelenke zu unterstützen, stabil zu halten und zu entlasten. Die Gelenke machen sich bemerkbar, wenn die Muskeln schwach sind – vor allem die Gelenke, die viel Gewicht tragen müssen, wie Knie oder Wirbelsäule.
Auch das Herz ist ein Muskel, der Training braucht. Wollen wir leistungsfähig bleiben, muss das Herz kräftig genug sein, um alle Organe ausreichend mit Blut zu versorgen. Das Blut transportiert den Sauerstoff aus den Lungen in die Energiekraftwerke unseres Körpers: die Zellen. Wenn die Lunge und die Muskeln des Oberkörpers, die bei der Atmung im Einsatz sind, gut trainiert sind, funktioniert der Gasaustausch reibungslos und mit größter Effizienz .

Beweglichkeit
Ein weiterer leistungsbestimmender Faktor im Alltag ist die Beweglichkeit.
Das merken wir, wenn das Anziehen schwieriger wird, das Aufstehen aus dem Liegen oder das Einsteigen ins Auto. Beweglich müssen wir auch sein, um Hindernissen ausweichen zu können, etwa als Fußgänger oder Radfahrer im Straßenverkehr.
Im Verkehr macht sich bemerkbar, wie wichtig zudem Schnelligkeit, Reaktionsvermögen und Bewegungsgeschicklichkeit (Koordination) sind: Trotz kurzer Grünphase die Straße überqueren, mit ein paar raschen Schritten den Bus erreichen, auch auf Schotterwegen sicher gehen, kleine Hindernisse stolperfrei überwinden – all das sind Anforderungen, die wir problemlos meistern, wenn wir kräftige Muskeln und Sehnen haben, die aufeinander eingespielt sind.

Kondition
Ausdauer, Kraft, Beweglichkeit, Schnelligkeit und Bewegungsgeschicklichkeit (Koordination) sind genau die Faktoren, die gemeinsam die Kondition und damit unsere gesamte körperliche Verfassung ausmachen.
Sich fit und leistungsfähig fühlen, Spaß am Leben haben, sich mit gesundem Selbstbewusstsein etwas zutrauen, voller Energie stecken und geistig frisch sein – all das ist möglich, wenn du über gute Kondition verfügst. Zwar muss jeder damit leben, älter zu werden, denn damit sind verschiedene biologische

Prozesse verbunden, die früher oder später zu Leistungseinbußen führen. Doch wie früh oder spät du diese zu spüren bekommst und vor allem, in welchem Ausmaß, hängt auch von deiner persönlichen Lebensweise ab!

<u>Sport und körperliche Gesundheit</u>
Es gibt Zungen, die behaupten, Altersschwäche sei nur ein schlechter Trainingszustand des Körpers. Ganz so einfach ist es zwar nicht, doch tatsächlich trägt ein regelmäßiges körperliches Training viel dazu bei, ein Leben lang gesund und fit zu bleiben.
Wer sportlich aktiv ist, kann den Alterungsprozess seines Organismus verlangsamen und „20 Jahre lang 40 bleiben", wie es der Sportmediziner Wildor Hollmann einmal formuliert hat. Mit Ausdauer und Krafttraining kannst du gesundheitliche Risikofaktoren reduzieren und so Erkrankungen vorbeugen, deine Selbstständigkeit erhalten, die Lebensqualität erhöhen und deine Lebenserwartung steigern. Nicht umsonst unterscheidet man das biografische Alter (das Alter nach Geburtsdatum) vom biologischen Alter: Das ist das Alter in Lebensjahren, in Relation gesetzt zur körperlichen Leistungsfähigkeit und Fitness der Organsysteme. Dazwischen können Welten liegen!

<u>Rundum fit</u>
„Leistungseinbußen im mittleren Lebensalter sind primär auf eine inaktive Lebensweise, nicht aber auf biologische Alterung zurückzuführen." Dies ist das Ergebnis einer 2010 veröffentlichten Studie an mehr als 13 000 Ausdauerläufern im Alter von 20–79 Jahren, durchgeführt von zwei Sportmedizinern der Deutschen Sporthochschule Köln. Diese stellten außerdem fest, dass es erst nach dem 54. Lebensjahr zu wissenschaftlich nachweisbaren Leistungseinbußen im Ausdauerbereich kommt, die sich selbst dann noch sehr gering halten. Dies gilt unabhängig davon, ob der Läufer oder die Läuferin schon immer viel Sport getrieben oder erst in den letzten fünf Jahren mit dem Lauftraining begonnen hat.

Der gute Tipp Wenn du nach einer längeren Sportpause wieder einsteigst, orientiere dich nicht an der Leistung der anderen. Nimm stattdessen wahr, was du noch leisten kannst. Die Leistungssteigerung kommt durch regelmäßiges Training von allein.

<u>Positive Wirkungen! im Zusammenspiel:</u>

Bewegung wirkt sich positiv auf sämtliche Bereiche Ihres Körpers aus –

im Einzelnen heißt das:

<u>Starke Knochen</u>

Sportarten, bei denen höhere Kräfte auf Muskeln und Skelettsystem einwirken, verbessern den Knochenstoffwechsel. Dadurch wird Knochenmasse aufgebaut und die Qualität des Knochens bleibt erhalten. Zu den knochenstärkenden Sportarten gehören z. B. Tennis, Squash, Badminton, Krafttraining, Jogging und Mountainbiken.

Wehrhaftes Immunsystem

Ein moderates Ausdauertraining regt das Immunsystem dazu an, mehr Antikörper zu produzieren, die viele Krankheitserreger bereits auf den Schleimhäuten von Lunge und Darm abfangen und unschädlich machen. Zudem erhöht sich die Zahl natürlicher Killer- und anderer Helferzellen, die Viren und Tumorzellen bekämpfen.

Gesunde Blutfettwerte

Durch regelmäßige Bewegung sinken die Blutfettwerte und die Werte des schädlichen LDL-Cholesterins im Blut, gleichzeitig steigt die Konzentration des schützenden HDL-Cholesterins. Dadurch können sich weniger Ablagerungen an den Blutgefäßen bilden. Die Gefäße bleiben elastisch und durchgängig. Das Blut kann besser fließen, der Blutdruck sinkt und das Thromboserisiko verringert sich.

Aktiver Stoffwechsel

Sport hilft, den inneren Speckgürtel abzubauen. Der befindet sich als sogenanntes viszerales Fett tief im Körper und lagert sich dort um die Organe herum ab. Das viszerale Fett sondert entzündungsfördernde Botenstoffe ab und schüttet Hormone aus, die Blutfettwerte und der

Blutzuckerspiegel steigen und der Blutdruck erhöht sich. Viszerales Fett kann sich übrigens auch im Bauch von äußerlich schlanken Menschen verstecken.

Starkes Herz

Bei Menschen, die regelmäßig Sport treiben, passt sich das Herz-Kreislauf-System an die regelmäßige Belastung an und steigert die Leistungsfähigkeit. Ein ausdauertrainiertes Herz kann mit jedem Herzschlag mehr Blut durch den Körper pumpen. Es muss dann in Ruhephasen weniger oft schlagen, was für den gesamten Organismus eine große Entlastung bedeutet.

Bewegliche Gelenke

Bei jeder Bewegung wird Gelenkschmiere produziert. Diese zähe Flüssigkeit bildet einen Gleitfilm zwischen den Gelenkflächen. Außerdem ernährt sie den Gelenkknorpel, der die Gelenkflächen wie ein Schutzmantel umgibt, und hält ihn gesund. Kräftige Muskeln nehmen darüber hinaus Druck vom Gelenk.

Belastbarer Rücken

Zwischen den Wirbelgelenken wirken die Bandscheiben wie kleine Stoßdämpfer. Gesund bleiben sie durch den Wechsel von Be- und Entlastung. Unter Belastung werden sie wie ein Schwamm ausgedrückt und bei Entlastung saugen sie sich wieder mit nährstoffreicher Flüssigkeit voll. Das hält sie elastisch und gesund. Wie bei sämtlichen Gelenken gilt auch bei der Wirbelsäule: Eine gut ausgebildete Muskulatur entlastet die Gelenke.

<u>Gehirntraining</u>

Immer mehr Studien zeigen, dass sich körperliche Aktivität, vor allem dann, wenn sie regelmäßig stattfindet, positiv auf unterschiedliche Gehirnareale auswirkt. Es gibt beispielsweise Studien, die zeigen, dass es bei regelmäßigem Training möglich ist, die Hirnsubstanz zu vergrößern. Kanadische Forscher des Montreal Heart Institute konnten außerdem nachweisen, dass durch intensives Intervalltraining (z. B. unterschiedliche Tempoläufe) die geistige Leistungsfähigkeit gesteigert werden kann.

Das gesunde Plus bei körperlichen Einschränkungen

Ausdauer- und Krafttraining bringen gesunden Menschen nicht nur kräftige Muskeln, Gelenkigkeit und eine körperlich höhere Belastbarkeit, sondern sie tragen bei vielen Beschwerden zur Linderung bei, unterstützen Heilungsprozesse und fördern das allgemeine Wohlbefinden:

<u>Bei künstlichen Gelenken</u>

Mit einer Gelenkprothese ist Bewegung unentbehrlich, um den Knochen zu stabilisieren und die Muskulatur aufzubauen und um das Gelenk zu entlasten. Problematisch sind Sportarten, die mit plötzlichen Lastwechseln verbunden sind, wie Ballspiele oder alpiner Skilauf. Ideal sind Sportarten mit gleichmäßigen Bewegungsabläufen wie Radfahren, Wandern und Walking. Auch Schwimmen tut gut. Beachte aber: Wenn du künstliche Hüft- oder Kniegelenke hast, solltest du nicht mehr den „Froschbeinschlag" vom Brustschwimmen machen. Der Paddelbeinschlag vom Kraul- und Rückenschwimmen ist viel geeigneter.

<u>Bei Arthrose</u>

Neben gezielter Gymnastik sind alle Sportarten empfehlenswert, die die Gelenke wenig belasten. Dazu gehören Schwimmen, Radfahren und Walking. Diese Sportarten helfen, die Gelenke beweglich zu halten und Schmerzen zu verringern. Alle ruckartigen Belastungen tun dem geschädigten Gelenk nicht gut.

<u>Bei Bluthochdruck</u>

Mit einem moderaten Ausdauertraining, etwa Nordic Walking, lassen sich mäßig erhöhte Blutdruckwerte normalisieren. Viele Sportarten sind ohne Einschränkung möglich. Wenn du hohen Blutdruck hast oder blutdrucksenkende Medikamente nimmst, frage unbedingt den Arzt, welche Belastungen erlaubt sind.

Bei Diabetes

Bewegung senkt den Blutzuckerspiegel und lässt die Zellen besser auf Insulin reagieren. Typ-2-Diabetiker können durch regelmäßiges Ausdauertraining wie zügiges Gehen ihre Blutzuckerwerte so reduzieren, dass sie weniger Medikamente brauchen oder sogar darauf verzichten können. Typ-1-Diabetiker müssen sportliche Belastungen planen und die Insulindosis sowie die Kohlenhydratzufuhr entsprechend anpassen. Diabetiker sollten stets Traubenzucker als Notfallversorgung dabeihaben.

Bei Asthma

Asthmatikern tut Sport gut, weil sie damit ihre allgemeine Leistungsfähigkeit steigern. Geeignet sind alle Ausdauersportarten sowie Sportarten mit intervallartigen Belastungen, dabei kann sich die Atmung immer wieder beruhigen. Empfehlenswert ist außerdem ein Krafttraining der Oberkörpermuskulatur, um die Atemmuskulatur zu stärken, und Beweglichkeitstraining, um den Brustkorb mobil zu halten. Wichtig: Asthmatiker sollten sich immer gut aufwärmen, um ihre Lungen vor einem Kaltstart zu schützen und für Notfälle ein Asthmaspray dabeihaben. Durch regelmäßiges Training kann das Bronchialsystem (und damit die Lungenfunktion) stabilisiert und ggf. die Medikation reduziert werden.

Bei Osteoporose

Jede Belastung der Knochen regt den Knochenstoffwechsel an. Deshalb wirkt Sport vorbeugend gegen Osteoporose. Ideal sind ein allgemeines Fitnesstraining, kraftbetonte Gymnastik und Sportarten, bei denen hohe Zug- und Druckkräfte auf die Knochen wirken, wie Jogging, Walking, Trainingseinheiten mit Hanteln oder dem Theraband. Hast du bereits Osteoporose, ist Sport als Therapie wichtig. Trainieren unter Anleitung eines Physiotherapeuten.

Bei koronaren Herzerkrankungen

Ausdauersport ist bei koronaren Herzerkrankungen eine der wichtigsten Therapieformen. Herzsport wird deshalb auch als Rehabilitationsmaßnahme verschrieben. Geeignet sind alle Sportarten, die ebenfalls mit niedriger Intensität durchgeführt werden können: gemäßigtes Jogging, Walking, Schwimmen, Radfahren.

Achtung!

Bevor du bei gesundheitlichen Einschränkungen mit einem Training beginnst, ziehe einen Arzt zurate. Eine sportärztliche Untersuchung wird allen empfohlen, die über 35 Jahre alt sind und längere Zeit keinen Sport gemacht haben. Wenn du nicht weißt, an wen du dich diesbezüglich wenden sollst, kann dir dein Hausarzt weiterhelfen.

Im Zweifel immer: Stopp!

Körperliche Belastungen können auch negative Folgen haben. Achte auf Warnhinweise deines Körpers und nimm diese sehr ernst!

Schmerzen

Wenn Schmerzen unvermittelt und plötzlich auftreten, lässt das eine Verletzung vermuten. Beende die körperliche Belastung umgehend und gehe zum Arzt.

Schmerzen am Bewegungsapparat

die bei Belastung schleichend auftreten, deuten auf eine Fehlbelastung oder Überlastung hin. Versuche nicht, gegen den Schmerz anzutrainieren, sondern lasse die Ursache vom Arzt abklären.

Atemnot, Herzrasen, Herzstolpern

Wenn bei einer körperlichen Belastung ungewöhnliche und unerklärliche Beschwerden zu spüren sind, etwa Kurzatmigkeit, Herzrasen oder ein Stechen im Brustkorb, suchen sofort einen Arzt auf. Diese Symptome können auf eine Herz- oder Lungenerkrankung hindeuten.

Infekte

Bei allen fieberhaften Infekten gilt absolutes Sportverbot. Die Bakterien oder Viren werden sonst über das Blut im ganzen Körper verteilt. Sie können sich im Herzmuskel festsetzen und eine Herzmuskelentzündung auslösen. Im schlimmsten Fall kann das zu einer chronischen Herzschwäche, zu Herzrhythmusstörungen und sogar zum Tod führen.

Einnahme von Medikamenten

Jedes Medikament hat unterschiedliche Auswirkungen auf den Organismus. Deshalb kann nur ein Arzt oder Apotheker entscheiden, ob und in welcher Form du unter Medikamenteneinfluss Sport treiben darfst. Trainiere deshalb nicht einfach drauflos, sondern lasse dich vorher ausführlich beraten.

Wissen kompakt

➔Sportverletzungen Nach einer Untersuchung der Deutschen Sporthochschule in Köln sind nur 5 % der Sportverletzungen so gravierend, dass Sie zum Arzt müssen. Die Empfehlung bei einfachen Prellungen und Stauchungen lautet: Sport unterbrechen, verletzte Stelle kühlen, einen nicht zu engen Verband anlegen und Arm bzw. Bein hoch lagern.

Fitness für die grauen Zellen

Früher dachte man, mit dem Älterwerden – und zwar bereits ab dem Alter von 30 – ließen automatisch die kognitiven Funktionen nach. Darunter werden alle Fähigkeiten zusammengefasst, die mit Denken, Wahrnehmen, Aufmerksamkeit, Gedächtnis und Lernen zu tun haben. Inzwischen weiß man, dass dies nicht stimmt.

Auch im Alter lassen sich kognitive Funktionen erhalten und trainieren – u. a. durch Bewegung und Sport.

Studien haben gezeigt, dass sich bei Erwachsenen mit zunehmender körperlicher Fitness u. a. die Denk- und Gedächtnisleistung, die Konzentrationsfähigkeit und die Verarbeitungsgeschwindigkeit sowie die Aufmerksamkeit verbessern. Selbst das Risiko, an einer Demenz zu erkranken, ist für aktive Menschen deutlich geringer als für Inaktive.

Über die Ursachen dieser positiven Effekte von Sport wird noch spekuliert. Möglicherweise wird durch eine gesteigerte Durchblutung des Organismus auch das Gehirn mit mehr Sauerstoff versorgt, sodass es besser arbeiten kann. Eine andere Hypothese ist, dass körperliche Aktivität die Bildung von Blutgefäßen im Gehirn anregt und dass sich mehr Verknüpfungen zwischen den Nervenzellen bilden. Sicher ist, dass eine anregende Umgebung eines Menschen der er viele soziale Kontakte pflegt, auch die „grauen Zellen" positiv beeinflusst. Hast du das Gefühl, dass du in letzter Zeit weniger „unter die Leute" gekommen bist? Dann suche dir doch eine Sportgruppe, denn dort kannst du zwanglos neue Menschen kennenlernen.

Sehr effektiv fürs Gehirn ist eine Kombination aus Kraft- und Ausdauereinheiten. Auch ein Koordinationstraining kann sich positiv auf die Leistungsfähigkeit des Gehirns auswirken, vor allem auf die motorische Lernfähigkeit. Üben lässt sich das im Alltag z. B. durch Balancieren. Passende Übungen dazu findest du im Kapitel Training/Übungen.

Das geht auch ohne den regelmäßigen Besuch im Fitnessstudio oder der Kraftkammer. Schließlich hat man nicht immer Zeit, und Lust oder auf ein ausgedehntes Fitnessprogramm.

Kleine Schritte

Viel körperliche Arbeit, die einst den Alltag bestimmte, können wir uns heute von Maschinen abnehmen lassen: Statt Treppen zu steigen, nehmen wir den Fahrstuhl. Statt zu Fuß zu gehen, fahren wir mit dem Auto, Bus und Bahn. Statt den Teig von Hand zu kneten, greifen wir zur Küchenmaschine. Selbst am Arbeitsplatz, im Handwerk etwa, erleichtern Maschinen die Arbeiten. Das hat Vorteile. Wir haben mehr Zeit als unsere Vorfahren, um den angenehmen Dingen des Lebens nachzugehen – solchen, die nicht dem reinen Überleben dienen. Und unser Bewegungsapparat wird weniger abgenutzt, weil er nicht den Belastungen alltäglicher körperlicher Arbeit ausgesetzt ist.

Beste Voraussetzungen also, um möglichst gesund möglichst alt zu werden, könnte man meinen. Doch dabei übersehen wir eines: Unser Organismus funktioniert noch wie zu Urzeiten. Um gesund und leistungsfähig zu bleiben, muss er herausgefordert werden.

<u>Sportpartner</u>

Gemeinsam statt einsam

So schön es manchmal ist, allein durch den Wald zu traben und nur mit sich und seinen Gedanken unterwegs zu sein – noch schöner kann es sein, gemeinsam mit anderen Sport zu treiben. Schau dich um, wo immer du dein Training absolvierst, auch andere suchen Trainingspartner. Vielleicht schaffst du es mit deinem neuen Enthusiasmus Freunde zu animieren auch mit Sport zu beginnen.

Dabei ist es nicht zwingend Mannschaftssport, der verbindet. Auch Sportarten, die man einzeln durchführen kann, entfalten in der Gruppe eine eigene mitreißende Dynamik. Wie gut das funktioniert, sieht man z. B. in China, wenn sich Hunderte von Menschen morgens zum Tai-Chi in öffentlichen Parkanlagen treffen. Diese Treffen sind nicht organisiert, aber jeder weiß, dass er nicht allein üben muss, sondern sich vom Elan der anderen mittragen lassen kann.

Sport verbindet

Sport bedeutet eben auch Vergnügen und das erlebst du in der Gruppe oft intensiver denn als Einzelkämpfer. Das gemeinsame Schwitzen verbindet – und wird ergänzt durch nette Gespräche, gemeinsames Lachen und manchmal durch Unternehmungen außerhalb der Gruppe.

Neue Kontakte sind besonders wichtig, wenn du in eine neue Stadt ziehen. Aber auch wenn du aus dem Berufsleben ausscheidest oder wenn die Kinder aus dem Haus sind, hast du auf einmal viel mehr Zeit und Raum für neue Interessen und Kontakte. Vielleicht bist du jetzt einfach offen für neue Menschen in deinem Leben?

Nicht zu unterschätzen ist die gegenseitige Motivation. Zusammen Sport zu machen, spornt an. Findet das Training zu festen Zeiten statt, kannst du die Termine vorausschauend einplanen. Nicht einmal um die Organisation musst du dich kümmern.

Trainingspartner finden

Sportgruppen und Kurse In fast jedem Ort findest du einen Sportverein, der abwechslungsreiche Übungsprogramme für verschiedene Ziel- und Altersgruppen bietet. Daneben gibt es Spartenvereine, die sich auf eine

Sportart spezialisiert haben: Golfclub, Tennisverein, Tanzsportclub oder Rudergemeinschaft. Auch diese sind offen für Interessierte jeden Alters. Mitglieder können aktiv am Vereinsleben, an Festen und Turnieren teilnehmen und finden dort ein soziales Netzwerk über den Sport hinaus. Für viele Kurse musst du kein Mitglied sein!

Außerdem bieten Volkshochschulen und Bildungswerke diverse Sportkurse an, ebenso Krankenkassen, private Sport- und Gymnastikschulen, Fitnessstudios, Tanzschulen und Physiotherapeutische Praxen.

Lauf-, Walking- und Radtreffs

Als Ausdauersportler trainierst du oft einsam. Das muss aber nicht zwingend so sein. Wenn du beim Jogging, Walking oder Radeln Anschluss suchst, findest du den mit Sicherheit über einen Sporttreff. Mehr noch: Das Training in der Gruppe ist meist effektiver, weil man sich Ziele setzt und diese nach einem Trainingsplan gemeinsam angehen kann. Vielleicht bekommst du über die Gruppe sogar Lust, sich auf einen Volkslauf vorzubereiten – ein lohnenswertes Ziel in jedem Alter. Oder du setzt dir das Ziel, ein Sportabzeichen zu erwerben: Größere Sportvereine bieten extra Trainingszeiten und Trainingsbegleitung an.

Der gute Tipp Wenn du dich beim Sport individuell betreuen lassen möchtest, suchen dir einen Personal Trainer. Gerade für Neu- oder Wiedereinsteiger, die ihre eigene Leistungsfähigkeit noch nicht einschätzen können, bietet sich ein solch maßgeschneidertes Training an. Um Kosten zu sparen, kannst du dich auch in einer kleinen Gruppe betreuen lassen. Personal Training wird z. B. von Fitnessstudios oder Vermittlungsagenturen angeboten.

Gemischtes Doppel

Wie schön, wenn du mit deinem Partner oder deiner Partnerin das Interesse an Sport und Bewegung teilst – das ist die Grundvoraussetzung, um gemeinsam Sport zu treiben. Doch das allein reicht nicht aus. Paare, die harmonisch vor der Haustür starten und sich beim Zurückkommen angiften, sind keine seltene Ausnahme.

Vielleicht ist diese Erfahrung der Grund, warum laut einer Umfrage nur jeder Dritte regelmäßig mit seinem Lebenspartner Sport treibt. Bevorzugte Trainingspartner sind meist Freunde oder Kollegen des eigenen Geschlechts, was durchaus sinnvoll ist, weil diese Partner eher gleiche körperliche Voraussetzungen haben und gleichwertige Fortschritte erzielen können.

Männer und Frauen unterscheiden sich nicht nur im Hinblick auf die Körperkraft, was bei einem vergleichbaren Trainingszustand zu unterschiedlichen Leistungen führt. Sie haben oft unterschiedliche Vorstellungen und Ziele, warum sie Sport treiben wollen.

Spaß oder Leistung?

Mehr Männer als Frauen suchen im Sport den Wettkampf. Sie wollen sich verausgaben, zumindest gelegentlich ihre Grenzen spüren und lieben die spielerische Herausforderung. Das ideale Trainingsgerät für den Mann ist meist ein Ball. Der bringt fast jedes männliche Wesen auf Trab.

Frauen stellen beim Sport eher den gesundheitlichen Nutzen in den Vordergrund. Sie bevorzugen Sportarten, in denen es nicht um den direkten Vergleich geht und mögen das Ästhetische an der Bewegung. Bei den meisten Paaren kommt der Vorschlag, gemeinsam einen Tanzkurs zu besuchen, vonseiten der Frau. Diese Vorlieben haben sicher biologische und gesellschaftliche Ursachen. Von diesen Unterschieden zu wissen, macht es leichter, sie einzuordnen und mit ihnen umzugehen.

Eine wichtige Erkenntnis: Beim gemeinsamen Sporttreiben geht es nicht darum, gegen den Partner oder die Partnerin anzutreten. Idealerweise ergänzen und beflügeln sich Partner – und festigen auf diese Weise zugleich ihre Beziehung. Doch jede Sportart hat ihre Eigenheiten: Bei Standardtänzen und argentinischem Tango ergänzen sich männliche und weibliche Eigenschaften glänzend. Bogenschießen ist stark im Kommen und macht Männern wie Frauen sehr viel Spaß.

Der gute Tipp

Lernen Sie gemeinsam eine neue Sportart. Etwa Golf eignet sich hervorragend für Partner mit unterschiedlichem Leistungsniveau, weil dies durch das sogenannte Handicap ausgeglichen wird.

Kompromisse finden

Ist einer der Partner viel fitter als der andere, sind intelligente Lösungen gefragt: Beim Radeln beispielsweise könnte ein Partner mit einem E-Bike auf Tour gehen. Beim Jogging oder Walking könntet ihr den Aufwärmkilometer gemeinsam zurücklegen, bevor jeder für die nächsten Runden sein eigenes Tempo wählt. Oder ihr geht zusammen ins Fitnessstudio, trainiert aber an verschiedenen Geräten und trefft euch nachher in der Sauna. Für fast jede sportliche Aktivität lässt sich so eine partnerschaftliche Lösung finden. Sollte dir dies nicht gelingen, ist das auch kein Drama. Sucht euch ein anderes Hobby, dem ihr zusammen nachgehen könnt und genießt den Sport auf getrennte Weise. Denn so wichtig es für jede Beziehung ist, gemeinsame Interessen zu haben, so wichtig ist es, eigene Hobbys zu pflegen.

Alterssportler

beweisen, dass theoretisch alles möglich ist. Selbst 80-Jährige können noch am Barren turnen, große Weiten beim Kugelstoßen erzielen oder Marathon laufen. Über diese körperlichen Fähigkeiten und Fertigkeiten verfügen nur die wenigsten 30-Jährigen. Für sie wäre es eher riskant, sich im Rentenalter plötzlich als Akrobaten zu versuchen.

Einen Langstreckenlauf hingegen könnten die meisten nach einem sinnvoll und langsam aufgebauten Training bewältigen. Wenn du also Lust auf Wettkampf und sportlichen Erfolg hast, darfst du diese auch in jedem Erwachsenenalter ausleben.

Aber so wichtig es ist, eine Sportart zu finden, die dir wirklich Spaß macht: Ab dem mittleren Erwachsenenalter solltest du neben deinen persönlichen Vorlieben auch der Vernunft eine Stimme einräumen. Denn mindestens ebenso wichtig ist es, sowohl dem Verletzungs- als auch dem Überlastungsrisiko vorzubeugen.

Wissen kompakt

→Aquafitness stärkt nicht nur die Muskulatur und verbessert die Atmung, das Training im Wasser entlastet auch die Gelenke, fördert die Durchblutung und trainiert die motorischen Fähigkeiten. Durch den Einsatz wechselnder Hilfsmittel (z. B. Schwimmbretter, Schwimmnudeln, Hantelgewichte, Bälle etc.) und die Erfahrung von Widerstand und Auftrieb im Wasser wird Aquagymnastik nie langweilig und findet immer mehr begeisterte Anhänger aller Altersstufen.

Neue Sportarten im Alter?

Früher galt als sicher: Was Hänschen nicht lernt, lernt Hans nimmer mehr. Heute weiß man, dass das nicht stimmt. Der Mensch ist sein Leben lang lernfähig. Er lernt im Alter – jedoch anders als in der Jugend. Das gilt auch für Bewegungsabläufe

Außerdem verändern sich die körperlichen Voraussetzungen. Schnelligkeit, Kraft und Beweglichkeit lassen nach, die Risikobereitschaft nimmt ab und die Erholungszeit nach einer Verletzung ist länger. Am Lernvermögen ändert das wenig. Auch mit 70 können Sie beispielsweise komplexe Tanzschritte lernen und in Ihrem Tempo wiederholen. Mit einem Salto hingegen würde es schwierig.

Ansonsten gilt: Gehe mit derselben Geduld ans Üben wie ein Kind, das Laufen lernt. Dann kannst du auch motorisch noch viel erreichen.

Manche Haltungen und Bewegungen (z. B. Übungen über Kopf, schnelle Sprints etc.) beanspruchen den Körper mitunter sehr stark und können das Herz-Kreislauf-System besonders belasten. Da bei Anfängern das Körpergefühl in den meisten Fällen erst wenig ausgeprägt ist, sollte bei neuen Übungen oder Bewegungsabläufen besondere Vorsicht geboten sein.

Darf ich Sport machen?

Wenn du krank bist, treibe nur Sport, wenn der Arzt dies ausdrücklich erlaubt, denn dies kann gefährliche gesundheitliche Folgen haben. Frage deinen Arzt ob er dir Alternativen zu der „verbotenen" Sportart vorschlagen möchte, damit es dir vielleicht bei regelmäßiger Bewegung sogar besser geht.
Der Vorteil von Sport ist generell, dass du bei regelmäßiger sportlicher Betätigung, nicht so oft krank bist, weil dein Immunsystem besser arbeitet.

Schmerz ist immer ein Warnsignal des Körpers. Nimm Schmerzen niemals auf die leichte Schulter. Sei aufmerksam, damit du die Zeichen deines Körpers bemerkst. Sobald du geübt bist, verstehst du deinen Körper besser und kannst Risiken besser einschätzen.

<u>Wie finde ich den richtigen Sport für mich?</u>

Wenn du gerade erst beschlossen hast regelmäßig Sport zu treiben probier mal verschiedene Sportarten aus. Das Wichtigste ist, dass du Gefallen an einem Sport findest. Bevor du eine Sportart ausschließt, probier es aus. Man kann in den meisten Vereinen kostenlose Probestunden absolvieren, ebenso im Fitnessstudio. Auch der Eintritt ins Schwimmbad ist sehr gut bezahlbar. Es gibt zahlreiche Möglichkeiten, die absolut keine Kosten verursachen, wie zum Beispiel Freeletics Das sind intensive Übungen mit dem eigenen Körpergewicht.
Du möchtest dich gesund halten, gelenkschonend trainieren oder Heilung unterstützen? Ein Nordic- Walking- Kurs oder Wassergymnastik kann ein guter Einstieg in ein „bewegtes Leben" sein
Bist du eher der spielerische Typ, dann wäre wohl eine Mannschaftssportart (z. B. diverse Ballsportarten) geeignet oder ein Kurs in einer Gruppe, bei dem die Trainingseinheiten abwechslungsreich gestaltet sind.
Natur erleben, wenn du die Natur liebst, wirst du an Training in geschlossenen Räumen keinen großen Gefallen finden. Für Menschen, die sich gern draußen bewegen, gibt es viele Möglichkeiten, auch die, sich einer Lauf-, Walking- oder Radgruppe anzuschließen. Langlauf ist übrigens wieder in!
Gruppenmensch oder Einzelkämpfer? Überlege, ob du eher ein Gruppenmensch bist und Wert auf soziale Kontakte legst oder ob du lieber allein trainieren willst, und wähle eine passende Sportart aus.
Der Gesundheits- und Fitnessaspekt ist für viele Erwachsene einer der Hauptgründe, sportlich aktiv zu werden.
Ganz gleich wofür du dich letztlich entscheidest – wichtig ist vor allem eines: Auf Dauer bleibst du nur dann bei einer Sache, wenn sie dir Freude macht und dich inspiriert.
Es liegt in der Natur des Menschen Freude am Spiel zu haben. Besonders deutlich zum Ausdruck kommt das im Englischen, wo es statt „Sport treiben" viel treffender heißt „to play sports" („Sport spielen"). Geben Sie also Ihrem „Spieltrieb" Raum und entdecken Sie Ihre Freude an Bewegung wieder. Das hilft auch, die eigenen Grenzen zu akzeptieren und sich nicht unter Druck zu

setzen.
Das Internet bietet dir unzählige Möglichkeiten dich über Sport zu informieren. Versuche schon regelmäßig zu trainieren während du noch auf der Suche nach deinem Lieblingssport bist.bist,.
Dass du noch nicht das Richtige gefunden hast, ist eine schlechte Ausrede, keinen Sport zu machen.

Welcher Sport passt zu mir?

Wenn du unsicher bist, welche Sportart dir persönlich am meisten liegt, vertraue auf dein Bauchgefühl. Orientiere dich an dem, was du persönlich im Sport suchst. Dein Körper kann sich gut an bereits ausgeübte Bewegungsabläufe erinnern – vielleicht wendest du dich einem Sport zu, dem du schon als Kind und Jugendlicher nachgegangen sind?

Sei flexibel: Traditionelle Sportarten, die festen Regeln unterliegen, werden im Freizeitsport oft persönlichen Vorlieben angepasst. So trifft man sich zum Fußballspielen beispielsweise mit kleineren Mannschaften. Der grundsätzliche Charakter des jeweiligen Sports und das damit verbundene Erlebnis ändert sich dadurch nicht. Diese Möglichkeiten solltest du nutzen, anstatt zu schnell zu kapitulieren, weil du vermeintlich zu alt für eine bestimmte Sportart bist. Oft lässt sich der geliebte Sport, den man schon früher betrieben hat, durch einfache Veränderungen und geringfügige Abwandlungen an die persönlichen Voraussetzungen anpassen. Auf diese Weise lässt sich auch die Belastungsintensität hervorragend dosieren.

Beliebte Sportarten unter die Lupe genommen

Muskelaufbau
Wenn du wirklich gesund und dauerhaft abnehmen willst, kommst

du um ein ausgewogenes und gezieltes Muskeltraining nicht herum.

Keine Angst, du musst keine Muskelberge aufbauen.

Es ist aus vielen Gründen sehr ratsam, nicht nur den Bauch zu trainieren, sondern den ganzen Körper:

- du beugst damit möglichen Schäden und Rückenschmerzen vor. Der Halteapparat des Körpers ist auf eine gleichmäßige Entwicklung von Bauch- und Rückenmuskeln angewiesen. Trainierst du nur den Bauch, können sich Halteschäden und Rückenschmerzen entwickeln.

- Muskeltraining verbrennt Fett. Je mehr Muskeln du aufbaust, desto mehr Fett verbrennst du, sogar wenn du dich gar nicht bewegst. Wenn du mehr Muskelmasse hast, kannst auch mehr essen, ohne zuzunehmen.

- Ein Waschbrettbauch bei einem sonst spindeldürren Körper sieht nicht besonders eindrucksvoll aus. Vielleicht ist dein Ziel ein Körper wie der von Brad Pitt in „Fight Club"?

Dann beachte bitte auch, dass er für diese Rolle am ganzen Körper Muskeln aufgebaut hat. Das Waschbrett ist nur das Tüpfelchen auf dem I, die Abrundung eines durchtrainierten Körpers.

Mach dir keine Sorgen, dass du "zu viele" Muskeln aufbauen könntest. Oft hört man als Argument gegen Bodybuilding oder Muskeltraining, dass man "nicht so aussehen wolle wie die Bodybuilder in den Magazinen". Keine Angst, das werden Sie nicht!

Um auch nur annähernd einen solchen Körper zu entwickeln, gehört jahrelange Hingabe, stundenlanges Training, perfekte Ernährung, hervorragende Genetik und der Einsatz von diversen Mittelchen, auch wenn letzteres gerne abgestritten wird.

Wenn du ein ganz normaler Durchschnittsmensch bist, wirst du niemals "zu" muskulös werden, wohl aber einen ansehnlichen, fitten und muskulösen Körper entwickeln.

- auch Ganzkörpertraining erleichtert den Aufbau der Bauchmuskeln. Denn zum einen werden die Bauchmuskeln bei vielen Übungen wie Kniebeugen, Kreuzheben usw. als Halte- und Stützmuskeln mittrainiert. Zum anderen fördern die genannten Übungen die Ausschüttung von Wachstumshormonen, die sich wiederum positiv auf das Wachstum der Bauchmuskeln auswirken.

- Muskeltraining ist gesund. Es beugt nicht nur Osteoporose und Diabetes vor, sondern auch einer ganzen Schar anderer Krankheiten und trägt auch zu deinem allgemeinen Wohlbefinden bei. Viele Menschen berichten auch von gesteigertem Selbstbewusstsein, wenn sie eine Weile lang Krafttraining ausgeführt haben.

- Auch dein Immunsystem profitiert von gesundem und regelmäßigem Muskeltraining. Wenn du es nicht übertreibst, wirst du bald weniger oft krank und fühlst dich besser. Dein Körper wehrt Krankheiten leichter ab und wird mit Viren und Bakterien besser fertig.

Du siehst, es gibt eine ganze Reihe von guten Gründen, nicht nur den Bauch, sondern den ganzen Körper zu trainieren. Du musst aber nicht Stunden im Fitnessstudio verbringen, um einen ansehnlichen Körper aufzubauen. Für den Anfang reichen 20 bis 30 Minuten 2 Mal in der Woche.

An dieser Stelle stelle ich Ihnen zwei unterschiedliche

Trainingsstile vor, damit Sie verstehst, worum es beim Muskeltraining geht.

1. Volumentraining

Zum einen gibt es das so genannte Volumentraining. Arnold Schwarzenegger war einer der bekanntesten Verfechter dieses Stiles, aber auch die Mehrheit der anderen Profi-Bodybuilder und der Sportler in den Studios trainiert nach diesem System.

Kurz gesagt führt man dabei von jeder Übungen mit meistens 3 bis 5 Sätzen, aus. Die Anzahl der Übungen ist relativ hoch, so dass ein Training in der Regel zwischen einer und zwei Stunden dauert.

Die Sätze werden dabei meist nicht bis zum Muskelversagen ausgeführt.

2 Hochintensitätstraining

Das genaue Gegenteil vom Volumentraining verfechten die Befürworter des

Hochintensitätstrainings, wobei dieser Begriff nur ein Oberbegriff für viele verschiedene Systeme ist.

Der wohl bekannteste Verfechter ist Mike Mentzer (siehe auch Mentzer, Mike: Heavy Duty 1 + 2)

Anhänger dieses Stiles führen von jeder Übung nur einen, maximal zwei Sätze pro Übung und nur wenige Übungen, oft nur eine einzige, pro Muskelgruppe aus. Häufig werden dabei Intensitätstechniken verwendet. Die Sätze werden dabei bis zum absoluten Muskelversagen ausgeführt, also bis man die Hantel nicht mehr bewegen kann.

Der Vorteil dieser Trainingsmethode liegt darin, dass ein Training nur sehr kurz ist, meist zwischen 15 und 45 Minuten. Es findet auch ein höherer Ausstoß an muskelaufbauenden Hormonen statt. Weiters muss man weniger häufig trainieren, ein bis zweimal in der Woche sind ausreichend.

Der Nachteil ist allerdings, dass das Training sehr hart ist und man hinterher vollkommen erschöpft und k.o. aus dem Studio schleicht.

Eine Wiederholung besteht aus einer positiven und einer negativen Phase. Bei der positiven Phase wird das Gewicht angehoben, bei der negativen abgesenkt. Hebst du also das Gewicht an und senkst es danach wieder ab, hast du eine Wiederholung durchgeführt. Führst du mehrere Wiederholungen am Stück durch, nennt man das einen Satz. Ein Trainingsprogramm kann aus einem oder mehreren Sätzen für verschiedene Körperteile bestehen. Du kannst den ganzen Körper in einer Trainingseinheit durchnehmen (Ganzkörpertraining) oder den Körper auf verschiedenen Tage aufteilen (Split-Training).

Tipps zum Muskeltraining

Egal für welches System du dich entscheidest, beachte diese Tipps, um die häufigsten Fehler zu vermeiden und mehr aus deinem Training herauszuholen.

> - Führe alle Übungen langsam aus. Bei manchen Trainingssystemen dauert eine Wiederholung sogar bis zu 20 Sekunden.

> - Vermeide unbedingt jeglichen Schwung. Deine Muskeln sollen die ganze Arbeit verrichten, lasse keine Erleichterung durch Schwung zu.

- ➢ - Halte eine stete Spannung auf den Muskeln. Lasse
- ➢ das Gewicht nicht soweit ab, dass der Muskel entlastet ist und strecke deine Gelenke nicht vollkommen durch. Das nimmt dem Muskel erstens Arbeit ab und ist zweitens auch nicht besonders gesund für die Gelenke.

- ➢ - Muskeln wachsen in den Erholungsphasen und nicht im Training. Sei deshalb nicht übereifrig und trainiere nicht zu oft.

- ➢ - Muskeln gewöhnen sich an Reize. Wenn du deshalb immer mit den gleichen Übungen und Gewichten trainierst, werden sich die Muskeln schnell auf die Belastung einstellen und es geht nicht mehr voran. Erhöhe die Gewichte leicht, wenn dir die Wiederholungen zu leicht werden. Verlangsame die Bewegungen, tausche die Übungen aus oder verändere die Reihenfolge. Führe auch mal zwei Übungen hintereinander ohne Pause aus. Tu immer wieder etwas, um deine Muskeln zu überraschen.

- ➢ - Auch wenn du einmal wirklich sehr wenig Zeit hast, tu wenigstens ein bisschen etwas. Absolviere nur wenige Übungen, am Besten Grundübungen. Besser, du trainierst 10 Minuten mit voller Intensität, als überhaupt nicht!

- ➢ - Sei geduldig. Deine jetzige Körperverfassung hat sich auch nicht innerhalb von vier Wochen herausgebildet. Schmeiße also nicht das Handtuch, wenn du nicht sofort Erfolge siehst.

Bleibe dran, trainiere regelmäßig.

Deine nächsten Schritte:

- 1. Stelle dir jetzt gleich ein Trainingsprogramm zusammen.

- 2. Sieh dir im Internet die richtige Ausführung der Übungen an. Wenn du bereits in einem Fitnessstudio trainierst, bitte einen Trainer oder erfahrenen Sportler, dir die richtige Ausführung zu zeigen.

- 3. Fang gleich an. Besser sofort klein starten, als warten und niemals beginnen. Auch wenn du erst einmal nur Übungen mit deinem Körpergewicht ausführst, ist das besser als nichts zu tun.

- 4. Lege jetzt fest, wann du dein Training absolvieren willst.
- Entscheide dich für feste Trainingszeiten, an denen du alles andere dem Training unterordnen.

<u>Geduld zahlt sich aus</u>

Du hast dich also entschlossen, etwas für dich zu tun, vielleicht sogar ein besserer Mensch zu werden. Du willst matte Muskeln wecken und den Körper auf Gesundheit umpolen.
Übe dich in Geduld: Wenn du abnehmen willst, lasse dir Zeit. Um mehr Fett zu verbrennen, benötigt der Körper Zeit zur Anpassung des Fettstoffwechsels. Das braucht mehrere Wochen.
So lautet dein neues Glaubensbekenntnis:

„Aura durch Ausdauer"

Hol Dir einen langen Atem.
Gehe also hinaus und stärke deine Lungen, mache sie kräftig und ausdauernd. Pumpe sie voll mit frischer Luft, auf dass es dir den Schweiß auf die Stirn treibt und dein Blut zum Zirkulieren bringt.
Egal in welcher Zeit du das Ziel erreichst: Du wirst der Gewinner sein. Denn der frische lange Atem wird dir im täglichen Überlebenskampf helfen, deine Abwehrkräfte zu stärken, wird deine Konzentration verbessern und den Stress des Alltags in die ewige Hölle verdammen. Er wird dir auch zu einem ruhigeren Schlaf verhelfen und deine Libido steigern. Und das Training wird dich leichtfüßig machen, denn die überflüssigen Fettpölsterchen verwandeln sich perspektivisch in Wohlgefallen wie die Sünden auf dem Beichtstuhl.Setze dich auf dein Rad und bearbeite die Kurbeln im Gleichtakt. Schnüre deine Laufsandalen und setze schneller als bisher einen Schritt vor den anderen. Entkleide dich bis auf deinen Lendenschurz und gehe nicht übers Wasser, sondern schwimme mitten hindurch.
Auch wenn der Lohn der guten Taten nicht gleich erkennbar wird – so ist er doch da. Das Fett wird sich in starke und schöne Muskeln verwandeln, die schwerer ins Gewicht fallen als die verbrannten Pfunde. Habe Geduld – und du wirst sehen, wie die Ringe unter deinem Wams verschwinden. Und denke stets daran: Auch Rom wurde nicht an einem Tag erbaut. Wie sagte schon Jesus zu seinem Jünger Thomas: „Selig sind, die nicht sehen und doch glauben."

„Die Dreifaltigkeit der Kondition"

Die Dreifaltigkeit der Kondition offenbart sich in den beliebtesten Betätigungen des gemeinen Volks: Laufen, Schwimmen und Radfahren.
So brachte die Bibel der Fitnessjünger, das FIT FOR FUN Magazin, diese Erkenntnis unter jene, die nach sportlichem Wissen dürsten: Laufen verschlingt die meisten Kalorien pro Stunde, vor Schwimmen und Radfahren. Auch bei der Verbesserung von Ausdauer und Sauerstoffaufnahme liegt Laufen vorn. Nur was die Gelenkbelastung und das Verletzungsrisiko anbelangt, fanden die beauftragten weltlichen Wissenschaftler heraus, dass Schwimmen der Heilsbringer Nummer eins ist.
Ausdauersportler sind die wahren Fundamentalisten des Fitnessvolks. So

kombiniere am besten alle drei Varianten der Fortbewegung im ausgewogenen Maße, auf dass deine Gesundheit erblühe und deine neu gewonnene Ausdauer dir das Leben erleichtere. Aber überstürze nichts, huldige deinem Alter und verlange deinem Herzen und Kreislauf nur das ab, was sie zu leisten imstande sind. Möge die Luft mit dir sein!

<u>Ausdauertipps:</u>

Dreimal die Woche: Egal ob Laufen, Radfahren oder Schwimmen – wer dreimal die Woche 30 Minuten (beim Laufen und Schwimmen) oder dreimal 60 Minuten (beim Radfahren) seine Kondition verbessert, zögert die typischen Alterserscheinungen deutlich hinaus.

<u>Öfter statt schneller</u>: Erst den Umfang, dann die Frequenz und schließlich die Intensität steigern. Nicht gleich das Tempo erhöhen, wenn es gut läuft, sondern einen zusätzlichen Termin einlegen

<u>Bleib nicht allein:</u> Verabrede dich mit einem Freund, schließe dich einer Gruppe an oder tritt einem Verein bei. Sport in Gesellschaft macht mehr Spaß – und erhöht die Motivation, aber auch den Druck dabeizubleiben. So bleiben die guten Vorsätze nicht auf der Strecke.

<u>Das Kreuz mit dem Kreuz.</u>
Bereits mit 25 Lenzen baut der Körper Muskelmasse ab, wenn du nicht gezielt und aktiv entgegenwirkst. Schere aus dem Chor der Leidenden, der so groß ist, dass acht von zehn Erwachsenen im Lauf ihres Lebens mindestens einmal über stärkere Rückenbeschwerden klagen. Ergreife die Chance, dem Unbill des Verfalls zu trotzen. Hilf dir zweimal die Woche und biete deinen Muskeln neue Reize. Zum Beispiel mit gezielter Kräftigung durch unsere sechs heiligen Übungen. Denn ein Training für Rumpf und Rücken verbessert deine Haltung und schützt vor Schmerzen.
Du kannst dich auch an Hanteln und Maschinen kasteien, wenn es dir Spaß bringt, musst du aber nicht: Die Bewegungskultur offenbart dir unzählige Formen der Körperertüchtigung: Fußball oder Handball, Turnen oder Klettern, Surfen oder Kampfsportarten – wohldosiert werden sie alle dich aufrecht durchs Leben bringen. Mach dich Grade !
Jeder von uns muss sein Päckchen schleppen. Daher ist es wichtig, dass das eigene Kreuz nicht schlappmacht und genug Kraft aufbringt, auch große Lasten zu tragen.
Selbst wenn du heute selten ein Kreuz schultern musst – Ungemach für das Rückgrat droht auch von anderer Seite: durch ständiges Sitzen, wenig Bewegung und die gebeugte Haltung, in die dich die Mühen und Lasten des Alltags zwingen. Doch es liegt an dir, nicht unter dem Joch der Bequemlichkeit in die Knie zu gehen. Spreng deine Fesseln, richte dich auf und mach dich stark. Stark für einen kräftiges Kreuz.

Training am Morgen

Frühsport klingt für manche wie eine mittelalterliche Foltermethode. Ist aber gerade in Sachen Ausdauertraining von Vorteil. Joggen auf leeren Magen regt die Fettverbrennung an, der Körper verbrennt früher und effektiver. 30 Minuten Training am morgen reichen völlig aus. So startet man aktiv und fit in den Tag.

Ausdauertraining an der frischen Luft

Joggen oder Walken sind eine gute Alternative für alle, die mit Geräten im Fitnessstudio nichts anfangen können, aber trotzdem etwas Sport treiben wollen. Der Vorteil bei Sport an der Frischen Luft: der Körper wird mit frischem Sauerstoff versorgt und das Licht der Sonne regt die Produktion von Vitamin D an. Das ist unentbehrlich für starke Knochen, beugt indirekt also Osteoporose vor.

Auch kleine Aktionen bringen Erfolg

Man muss keinen Sport treiben um körperlich fit zu sein. Das bedeutet aber nicht, dass man gänzlich auf Bewegung verzichten kann. Im Gegenteil: Bewegung bringt den Körper auf Touren, regt Kreislauf und Stoffwechsel an und tut der Seele gut. Wem Ausdauersport nicht liegt, der sollte stattdessen viel Spazieren gehen, bei kurzen Strecken auf das Auto verzichten oder den täglichen Arbeitsweg mit dem Fahrrad bestreiten

Wie finde ich das beste Fitnessstudio?

Wenn du dein Training in einem Studio absolvieren möchtest, findest du hier einige Anregungen, wie du das Richtige für dich findest.

Der Faktor Finanzen mag da durchaus auch eine Rolle spielen, bei vielen Fitnessstudios muss man sich für eine Jahresmitgliedschaft verpflichten. Das kann schon teuer werden, allerdings kann genau das für Einige genau die richtige Motivation sein, ganz unter dem Motto: „Ich habe bezahlt, also nutze ich es auch".

Wenn du dich dafür interessierst Mitglied in einem Fitnesscenter zu werden, vergleiche am besten alle Studios die in deiner Nähe liegen. Viele bieten gratis Schnuppertrainings an, da hast du die Möglichkeit zu vergleichen. Schau dir die die Preise an, oft werden die ersten 1-3 Monate zu einem Sonderpreis angeboten, danach erhöht sich der monatliche Beitrag.

Es gibt auch Studios, die sehr günstig sind und zwar deshalb, weil nur das Training inbegriffen ist. Dusche, ein Coach, Getränke sind jeweils extra zu bezahlen. Da kann für Viele interessant sein, die sich sowieso zu Hause duschen wollen und ihre Getränke mitnehmen. Überlege Dir, wenn Du eine Mitgliedschaft eingehen willst, was genau Du möchtest. (brauche ich einen Coach?, freie Getränke? Duschen? Wie weit darf das Studio entfernt sein? Möchte ich mit dem Auto hinfahren? Wie viel möchte ich bezahlen? Möchte an Gruppentrainings wie Aerobic oder Spinning teilnehmen? u.s.w.).

Ausdauertraining

Ausdauertraining lässt dein Fett schmelzen

Auch wenn du die stärksten und tollsten Bauchmuskeln aufbaust,

siehst du immer noch unsportlich und wabbelig aus, wenn die Muskeln von einer dicken Fettschicht verborgen sind.

Es gilt also, das Fett loszuwerden. Wie bereits erwähnt, kannst du Fett leider nicht lokal am Bauch verbrennen. Auch wenn dir das diverse Mittelchen, Bauch-Weg-Gürtel, Stromgeräte, Trainingsmethoden usw. suggerieren: Falle nicht darauf rein!

Der einzige Weg zum schlanken Körper führt über Fettverbrennung.

Hinweise zum Thema Körperfett, die du kennen solltest. Ein Kilogramm Körperfett enthält etwa 7.000 kcal (es besteht aus Fett und Wasser). Wenn du das weißt, kannst du ausrechnen, wie lange du trainieren musst, um ein Kilo Fett zu verbrennen.

Wenn wir davon ausgehen würden, dass reines Fett verbrannt wird (was nicht der Fall ist), dann müsstest du 12 bis 14 Stunden Fahrrad fahren, um ein Kilogramm Körperfett zu verlieren.

Grundlagenausdauertraining

Traditionell führt man zum Fettabbau gerne lange und gleich bleibende Ausdauersessions aus. Geeignet hierbei sind zum Beispiel folgende Sportarten:

Joggen: Verbrennt sehr viele Kalorien (ca. 600-1000 kcal pro Stunde), fördert die Ausdauer stark und verbessert die Sauerstoffaufnahme. Gemäß der landläufigen Meinung wird Fett erst nach 30 Minuten Joggen verbrannt, was jedoch falsch ist.

Richtig hingegen ist, dass zu Anfang mehr Kohlenhydrate verbraucht werden und mit zunehmender Dauer der Verlustanteil des Fetts steigt.

Nachteile des Joggens

- es ist für Anfänger sehr anstrengend, längere Strecken durchzuhalten

- wenn du übergewichtig bist, werden die Gelenke stark belastet,

Solltest du dich trotzdem für Joggen entscheiden, fang langsam an, fast schon gehend, und beginne zum Beispiel mit 10 Minuten, um dich dann in jeder Einheit um 1 Minute zu steigern. So kommst du bei einer Trainingshäufigkeit von 3 mal pro Woche nach einem Monat schon auf über 20 Minuten und nach 2 Monaten auf eine halbe Stunde,

Walking: Der "kleine" Bruder des Jogging. Für Einsteiger leichter durchzuhalten und gelenkschonender. Walking ist strammes Gehen. Mache also einen längeren Spaziergang, aber gehe zügig und nimm deine Arme zu Hilfe. Walking verbrennt etwa 400-600 kcal in der Stunde, natürlich abhängig davon, wie schnell du gehst und wie viel du wiegst.

Nordic Walking: Seit ein paar Jahren ist Nordic Walking total im Trend. Dabei ist es nichts anderes als Walking mit Wanderstöcken. Der Vorteil hierbei soll sein, dass die Arme besser ins Training einbezogen werden und der Gesamtkalorienverbrauch steigt. Außerdem soll es gelenkschonender sein als normales Walking.

Unser Tipp:

Wenn du dich dafür entscheidest, lasse dir die Technik unbedingt von einem Profi beibringen, sonst beleidigst du deine Gelenke .

Kritiker sehen im Nordic Walking nur einen Versuch der Sportindustrie, im sonst billigsten Sport der Welt (Gehen) noch zusätzliche Umsatzpotentiale durch den Verkauf von teuren Stöcken auszuschöpfen…

Inline Skating: Auch Inline Skating ist ein sehr schöner Sport, der gelenkschonend ist und richtig Spaß macht. Nachteile: Du brauchst gute Ausrüstung (Skates, Schutzausrüstung) und geeignete Wege.

Schwimmen: Da dein Körper keinerlei Stoßbelastungen ausgesetzt ist gilt Schwimmen als eine der gelenkschonendsten Ausdauersportarten. Besonders für schwere Personen ist Schwimmen zu empfehlen. Wenn du regelmäßig schwimmen willst, eigne dir einen guten (Kraul-)Stil an.

Der Nachteil

liegt darin, dass Schwimmen weniger Kalorien verbrennt, etwa 400 und 800 kcal pro Stunde, wobei Anfänger nur selten eine Stunde durchhalten werden.

Ein weiterer Nachteil liegt in der Notwendigkeit eines Hallen- oder Freibades, das mit Kosten und Einschränkungen aufgrund der Öffnungszeiten verbunden ist.

Cross Trainer: Eines der besten Ausdauergeräten in Fitnessstudios ist der Cross Trainer oder auch Ellipsentrainer genannt.

Die Bewegungen dabei sind gleichmäßig, ohne die Stoßbelastungen beim Joggen und deine Arme werden effektiv in den Bewegungsablauf einbezogen. Außerdem kannst du zwischendurch immer mal wieder rückwärts « laufen », was die Koordination fördert und sonst unterentwickelte Muskeln trainiert. Der Kalorienverbrauch liegt hier auch zwischen 500 und 800 kcal pro Stunde.

Fahrrad fahren: ist eine weitere gute Möglichkeit für Anfänger, Fortgeschrittene und insbesondere für Übergewichtige. Fahrrad fahren schont die Gelenke, macht Spaß und du kannst es im Freien, auf einem Heimtrainer zuhause oder im Fitnessstudio ausführen. Radtouren mit Freunden sind toll und verbrennen reichlich Kalorien. Auch längere Einheiten sind auf dem Rad leichter durchzuhalten. Der Kalorienverbrauch liegt etwa bei 500 bis 900 kcal, je nachdem, wie schnell du fährst und ob du im flachen Land oder bergauf unterwegs bist.

Wie bereits erwähnt, sollten die Trainingseinheiten der Grundlagenausdauer relativ lange dauern, von 20 oder 30 Minuten bis hin zu einer Stunde. Führe deine Sportart gleichmäßig aus, ohne dich übermäßig anzustrengen. Dein Ziel ist es, die Belastung möglichst lange durchzuhalten, ohne sich völlig zu erschöpfen.

Wenn du einen besonders großen Nutzen aus den Einheiten ziehen willst und ein wenig Extra-Anstrengung nicht scheust, führe die Einheiten morgens auf nüchternen Magen aus. Das wird dich anfangs Überwindung kosten, zumal du wahrscheinlich früher aufstehen musst.

Der Vorteil ist allerdings, dass der Körper dann seine Kohlenhydratspeicher über die Nacht weitgehend aufgebraucht hat und von Anfang an einen höheren Anteil an Fett verbrennt.

Schaffe dir mit dem Grundlagenausdauertraining eine solide Ausdauerbasis, indem du die Einheiten ca. 4 Wochen lang regelmäßig ausführst. Wenn du deine Ausdauer dann gesteigert hast, führe zusätzlich das Intervall-Training ein.

das Intervall-Training

Achtung, lass dir gesagt sein: Dieses Training ist nichts für Weicheier! Es ist anstrengend, führt dich bis an die Grenzen, wird dich vollkommen erschöpfen. Dafür ist es kurz und um ein vielfaches effektiver als das herkömmliche Ausdauertraining.

Anstatt lange und gleichmäßige Einheiten auszuführen, wechselst du kurze, hoch intensive Phasen mit Phasen von geringer Intensität ab.

Das sieht dann zum Beispiel so aus, dass du dich ich 2 Minuten auf dem Heimtrainer recht gemütlich aufwärmst, dann gibst du 30 Sekunden

VOLLGAS, um dann 30 Sekunden wieder ganz langsam zu fahren. Dann wieder 30 Sekunden volle Power und 30 Sekunden langsam. Diese Zyklen wiederholen Sie ein paar Mal, um dann 1 bis 2 Minuten langsam auszufahren.

Wichtig dabei ist, dass du nie ganz anhältst, sondern immer in Bewegung bleibst.

Die ganze Einheit dauert vielleicht 10 bis 12 Minuten und führt dich an deine Grenzen.

Du fragst dich jetzt vielleicht, was das soll? Immerhin verbrennt man doch erst nach 30 Minuten Fett, richtig?

Machen wir doch mal eine kleine Rechnung. Wie oben bereits gezeigt,

musst du 12 bis 14 Stunden Fahrrad fahren, um ein läppisches Kilogramm Körperfett zu verbrennen (unter beschönigten Rechenbedingungen). Wir haben gesagt, dass ein Kilo Körperfett 7.000 Kalorien enthält. Wenn du in der Stunde Fahrrad fahren 500 kcal verbrennst, heißt das, dass du in einer halbstündigen Einheit gerade mal 35 Gramm Fett los bist. In der Realität ist es sogar noch weniger, weil du ja nicht reines Fett verbrennst. 35 Gramm in einer halben Stunde! Ist das nicht lächerlich?

Führst du dagegen ein Intervall-Training aus, kommst du in den Genuss eines ganz besonderen Benefits:

Der Nachbrenneffekt Wenn der Körper einem intensiven Training, wie dem Intervall-Training ausgesetzt ist, erhöht sich sein Grundumsatz. Das heißt, er verbrennt noch stundenlang nach dem Training mehr Kalorien, auch wenn du dich gar nicht bewegst. Je intensiver das Training, desto größer dieser Effekt. Bei normalem Ausdauertraining fällt dieser Effekt daher sehr gering aus.

Sie verbrennen IM Training zwar weniger Kalorien als bei herkömmlichen, lang andauernden Ausdauereinheiten, dafür aber NACH dem Training weit mehr und das den ganzen Tag lang.

Intervall-Training ist also, was den Fettabbau angeht, das deutlich effektivere Ausdauertraining. Das schöne ist, dass du Intervall Training mit fast jeder Ausdauer-Sportart ausführen kannst. Zum Beispiel könntest du eine Bahn mit voller Anstrengung schwimmen und dann eine Bahn langsam und gemütlich.

Oder du joggst 2 Minuten gemütlich, um dann 30 Sekunden zu sprinten.

Ein weiterer Vorteil des hoch intensiven Intervall-Trainings ist, dass der Körper muskelaufbauende und fettverbrennende Hormone ausschüttet, anstatt wie bei langen Ausdauereinheiten katabole, also muskelabbauende Hormone. Du brauchst dich nur mal zu fragen: Welchen Körper hätte ich lieber? Den eines Sprinters oder den eines Marathonläufers?

Langstreckenläufer wirken in der Regel ausgezehrt, sind schlank bis mager. Sprinter hingegen sind kraftvoll und muskulös und haben trotzdem kein Körperfett. Hier gilt das gleiche Prinzip wie beim Krafttraining: Lange, wenig intensive Einheiten versus. kurze, hoch intensive Einheiten.

<u>Kombination Ausdauer- und Intervalltraining</u>

Der Stein der Weisen liegt wie so oft in einem Mittelweg, einer Kombination der beiden Stile. Grundlagenausdauer ist unverzichtbar für Gesundheit und Wohlbefinden, mit einem Intervall-Training baust du effektiver Fett ab und stärkst dabei andere Arten der Ausdauer.

Kombiniere am besten beide Methoden. Führe zum Beispiel ein bis zwei Einheiten Grundlagenausdauer pro Woche aus und 2 bis 3 Einheiten Intervall-Training. Da das Intervall-Training nicht lange dauert, kannst du es auch mal kurz zwischendurch einschieben.

Hast du zum Beispiel einen Heimtrainer, absolviere eine komplette Einheit Intervall-Training samt Duschen innerhalb einer halben Stunde.

Das Training

Equipment

Wissen kompakt

➔Passendes Schuhwerk „Vogel fliegt, Fisch schwimmt, Mensch läuft" – so kurz und prägnant brachte es der Spitzenläufer Emil Zátopek auf den Punkt. Der Spaß am Laufen steht und fällt jedoch mit dem richtigen Schuhwerk. Kaufe dir Laufschuhe grundsätzlich in einem Fachgeschäft mit umfassender persönlicher Beratung. Gelenkschonende Dämpfungselemente, ein guter Halt, die richtige Passform und diverse Stützelemente (gegen Einknicken, Fehlstellungen etc.) sind unverzichtbar für eine optimale Fußführung.

Mit der richtigen Ausstattung macht Sport gleich doppelt so viel Spaß. Gerade beim Kauf von Sportschuhen oder teureren Sportgeräten ist eine Beratung im Fachhandel unbedingt ratsam. Hier ein paar Tipps dazu:

Optimaler Schuh Ob du Laufschuhe zum Jogging oder Walking oder Rasen-, Kunstrasen- oder Hallenschuhe für diverse Ballsportarten kaufst: Achte auf die richtige Passform (schmal oder weit?), die richtige Größe (nicht zu knapp kaufen!) und darauf, dass das Fußgelenk gut gestützt wird. Stark belastete Zonen am Fuß sollten gut gepolstert sein.

Funktionale Kleidung Funktionstextilien leiten die Feuchtigkeit nach außen und halten so den Körper trocken und warm. Trage mehrere Schichten übereinander: z. B. Unterwäsche, Shirt, Jacke. So kannst du bei Bedarf Kleidungsstücke ablegen oder wieder anziehen.

Passendes Sportgerät Bei vielen Fachhändlern kannst die Sportgeräte deiner Wahl (z. B. Fahrrad, Golfschläger) vor dem Kauf testen. So findest du heraus, womit du am besten zurechtkommst.

Der gute Tipp Auf dem Markt gibt es inzwischen viele verschiedene E-Bike-Modelle. Diese Fahrräder mit Elektromotor heißen auch „Pedelec". Lass dich unbedingt beim Fachmann beraten, welcher Motor und welcher Akku für deine Bedürfnisse geeignet sind.

das Heimstudio

Leider hat nicht jedermann Zugang zu einem Fitnessstudio. Als Alternative bietet sich die Einrichtung eines kleinen Heimstudios an. Dieses muss gar nicht umfangreich und teuer sein, für den Anfang genügen folgende Ausrüstungsgegenstände:

- 1 Hantelbank mit verstellbarer Lehne: gibt es für ca. 100€. Verfügt meistens auch über einen Beincurler und eine Ablage für die Langhantel
- 1 Langhantel: unverzichtbar für effektives Training. Wenn du nur einen einzigen Gegenstand anschaffen willst, kaufe eine Langhantel und ein paar Gewichtsscheiben
- 2 Kurzhanteln: Bringen Abwechslung ins Training. Nimm Stangen, auf denen man Gewichtsscheiben befestigen kann, damit sind sie flexibler als bei Hanteln mit festen Gewichten.
- Gewichtsscheiben: für den Anfang reichen jeweils 2x 2,5, 5 und 10kg.
- 1 Klimmzugstange: Gibt's günstig in großen Kaufhäusern. Manche kann man zum Beispiel zwischen den Türrahmen klemmen. Auch eine stabile Wäschestange eignet sich. All das musst du nicht neu kaufen, gebraucht reicht vollkommen aus und kostet ein Bruchteil. Besonders bei Hantelscheiben ist es Unsinn, diese neu zu kaufen.

Training mit dem eigenen Körpergewicht

Wenn du weder ins Fitnessstudio gehen noch ein Heimstudio einrichten willst, bleibt dir nur das Training mit dem eigenen Körpergewicht. Dabei bist du zwar ziemlich eingeschränkt, aber es ist immer noch besser als nichts. Vielleicht erwägst du nach einiger Zeit doch wenigstens die Anschaffung von einer Langhantel oder 2 Kurzhanteln.

Aufwärmen und Dehnen

Dehnen ist ein wirksamer Teil der Regeneration und sehr wichtig für Sport und Alltag. Es ist etwas von dem man eigentlich weiß, dass es wichtig ist und trotzdem halten sich nur wenige daran. Ich liefere dir jetzt einige Gründe, warum du dich dehnen sollst, vor allem als Sportler, aber auch für den Alltag.

Aufwärmen bringt den Körper auf Touren, denn er arbeitet besser, wenn die Körpertemperatur leicht erhöht ist. Außerdem sind die Muskeln entspannter. Dies erhöht die Leistung im Sport und verringert das Verletzungsrisiko. Sie es als Ritual und leite damit das Training ein.

Gründe sich zu dehnen

1. Dehnen ist nicht zeitintensiv, du kannst es überall tun und du benötigst keine Geräte dafür.

2. Dehnen führt zu einer besseren und erweiterten Körperwahrnehmung und -koordination, das führt dich zu besseren Leistungen.

3. Stretching kann Schmerzen lindern, Sitzfehler vorbeugen oder ausgleichen.

4. Dehnen ist gut gegen Stress, da es Muskelverspannungen löst, die sonst zu Unwohlsein führen können.

5. Dehnen hilft gegen Symptome des Alterns, fördert eine bessere Blutzirkulation, erhält funktionstüchtige Gelenke und sorgt für ein besseres Gleichgewicht.

6. Kalorien werden verbrannt und so unterstützt Dehnen beim Abnehmen und beim Straffen der Hautstruktur.

7. Hilft bei Krämpfen der Muskulatur

8. Dehnen kann Gelenk und Sehnenverletzungen vorbeugen.

Der gute Tipp

1. Atme ruhig und gleichmäßig. Kontrolliere deinen Atem bewusst.

2. Zuerst aufwärmen und dann dehnen! So kann man Verletzungen verhindern und den Muskel auf die optimale Temperatur bringen, um effektiver zu arbeiten.

3. Auch beim Dehnen besteht Verletzungsgefahr!. Nach Beanspruchung der

Muskulatur, solltest du dich NICHT sofort dehnen, denn dadurch wäre die Regeneration behindert und du begibst dich in Verletzungsgefahr. Besser ist es ein leichtes Programm durchführen, das dem Aufwärmen ähnelt.

4. Frühestens ein bis zwei Stunden nach der Belastung dehnen.

5. Hilft gegen Symptome des Alterns, fördert eine bessere Blutzirkulation, erhält funktionstüchtige Gelenke und sorgt für ein besseres Gleichgewicht.

6. Kalorien werden verbrannt und so unterstützt Dehnen beim Abnehmen und beim Straffen der Hautstruktur.

7. Hilft bei Krämpfen der Muskulatur

8. Dehnen kann Gelenk und Sehnenverletzungen vorbeugen.

Training

„Erfolg braucht Zeit.“

um langfristig fit zu werden ist es wichtig regelmäßig zu trainieren. Nur durch Regelmäßigkeit wirst du sportlich und erreichst deine Ziele. Nur durch regelmäßiges Üben wirst und bleibst du gesund. Es gibt unterschiedliche Definitionen für Regelmäßigkeit. Es ist zu empfehlen, Regelmäßigkeit auf wöchentlich regelmäßig zu beziehen.

Um alle sportlichen Bereiche abzudecken, gebe ich einen Überblick.. Ich erkläre die allgemeinen Prinzipien, die es zu beachten gilt. Sie sind Sportart übergreifend.

Das Training, die Belastung, muss anstrengend genug sein, um einen sichtbaren Effekt zu haben, aber nicht zu intensiv, um Verletzungen und Übertraining zu vermeiden. Es muss dennoch eine gewisse Schwelle an Intensität überschritten werden, ansonsten kann es keinen Trainingseffekt geben. Dies nennt sich Prinzip des trainingswirksamen Reizes.

Entscheidend ist die optimale Kombination von Belastung und Erholung. Aus diesem Grund darf man das darauf folgende Training weder zu früh, noch zu spät ansetzen, denn beides hat negative Folgen auf unsere Leistung.

Der Belastungsumfang muss gesteigert werden. Es ist sehr wichtig, dass du dich zu Beginn nicht überforderst und trotzdem allmählich Intensität, Häufigkeit, Dauer und Umfang erhöhst um Leistungssteigerungen zu bewirken.

Die Belastung muss genau wie das Training an dich angepasst sein, Einbezogen werden deine Voraussetzungen und Veranlagungen, dein

Gewicht, Größe, Alter, Geschlecht und natürlich deinem jeweils aktuellen Trainingsstand.

Es muss Variationen geben. Damit ist gemeint, regelmäßig die Übungen, Trainingsdauer und Intensität zu wechseln. So wird dein Training nicht langweilig und du bleibst motiviert und erfährst konstante Leistungssteigerungen.

Es gilt also eine gesunde Variation von unterschiedlichen Bewegungsformen, Intensität und Länge des Trainings zu schaffen. „Zwei der wichtigsten Faktoren für einen maximalen und nachhaltigen Trainingseffekt sind, den kompletten Bewegungsradius einer Übung auszunutzen und die Übungen regelmäßig zu variieren."- Wolfgang Unsöld.

So wird einseitiges Training verhindert und eventuellen Trainingsfehlern entgegengewirkt. Es werden bewusst neue Reize gesetzt.

Die richtige Reihenfolge::

1. Aufwärmen,

2. Dehnen

3. Koordination

4. Schnelligkeit/Kraft/Ausdauer

5. Cool down (z.B. auslaufen).

Falls du verschiedene Komponenten kombinierst, gilt: Schnelligkeit vor Kraft und Kraft vor Ausdauer.

Achte auf die richtige Ausführung!. Vernachlässige nicht die richtige Technik nur um mehr Wiederholungen zu machen. Dabei ist es von Vorteil einen Trainer oder Trainingspartner zu haben.

Versuche gelegentlich an deine körperlichen und geistigen Grenzen zu kommen, immer mit Vorsicht, aber es ist gut seine Komfortzone zu verlassen. Es hilft Verständnis für die Fähigkeiten und Grenzen des eigenen Körpers zu schaffen, und somit ein besseres Körpergefühl zu erlangen.

Der Trainingsplan

Nun haben wir bereits viele Komponenten, die deinen Plan ausmachen besprochen. Nun möchte ich das bisher Gelesene mit dir in einem Plan umsetzen. Ein solcher Plan sollte also nicht nur dein Training umfassen. sondern auch die Regeneration.
Es ist wichtig, dass dein Plan für dich maßgeschneidert ist.
Nachdem du schon einige Kapitel vorher deine Ziele definiert hast ebnen wir den Weg zu diesen Zielen mit dem Trainingsplan.
Der Trainingsplan ist deiner. Also muss er auch auf dich persönlich abgestimmt sein. Überlegt dir anhand deiner Zieldefinition noch mehr Details dazu, was du erreichen willst und was es dafür braucht.

Nochmal zur Erinnerung aus dem Kapitel Zeitmanagement:
Rechne schon in deinem Tagesplan oder deiner To Do Liste genügend Zeit für das Aufwärmen und das Dehnen ein. Passe den Plan sowohl deinen Zielen als auch deinem Alltag an. Plane dir die Zeit für das Training so ein, dass nichts anderes dazwischen kommen kann.
Finde heraus zu welcher Tageszeit du am effektivsten trainierst und passe dann deinen Trainingsplan, soweit möglich, an.

Wann soll ich trainieren?

- Bist du ein Morgenmensch, so probier einmal vor dem Frühstück eine Einheit zu machen, viele Studios öffnen extra für Frühaufsteher die Pforten schon recht zeitig am Morgen.
- Möchtest du dir in der Mittagspause nicht nur den Wanst vollschlagen, dann schau ob du mittags eine Einheit schaffst.
- Hast du direkt nach der Arbeit das Bedürfnis dich auszupowern, hast du vielleicht die Möglichkeit nach Hause zu laufen oder mit dem Rad zu fahren?
Oder möchtest du vielleicht gleich nach Dienstschluss ins Studio fahren oder gehen? Das hat einen Gewaltigen Vorteil, du tust was, bevor dich zu Hause die Couch oder der Kühlschrank verführen können.
- Bist du ein Abendmensch. so scheust du wahrscheinlich nicht davor zurück auch noch spät loszulegen und zur Spätschicht zu trainieren.

Zeitaufteilung/Wochenplan (Beispiel):

- Montag: dehnen, aufwärmen, dann Trainingsblock 1
- Dienstag: Pausentag, vielleicht locker schwimmen oder dehnen
- Mittwoch: dehnen, aufwärmen, dann Trainingsblock 2
- Donnerstag: Pausentag: Dehnübungen, kalt duschen, leichte Bodenübungen
- Freitag: dehnen, aufwärmen, dann Trainingsblock 3.

Anfänger können an diesem Tag pausieren.
* Samstag: ca. 3-10 Kilometer joggen oder ähnliches
* Sonntag: Pausentag, eventuell dehnen oder locker schwimmen oder spazieren gehen oder Fahrrad fahren
*

Nach dem Krafttraining ist Regeneration angesagt. Lass bis zum nächsten Training mindestens 48 Stunden vergehen. Sonst übersäuern deine Muskeln, und der Trainingseffekt verkehrt sich ins Gegenteil.

Wenn du deinen Plan erstellst, stelle sicher, dass du den Plan auch durchziehen kannst, denn sobald du startest, ist es wichtig Disziplin zu zeigen und das Training durchzuziehen. Nur so kann eine gute Routine entstehen.

Übungen

Hier werde ich dir Kombinationen von Übungen zeigen, die du ohne Geräte durchführen kannst. Dies zeigt, auch wenn du noch nicht genau weißt welche Sportart oder Trainingsart dir liegt, dass in der Zwischenzeit trotzdem gutes und kostengünstiges Training möglich ist. Die Anzahl der Wiederholungen bei den Übungen, variieren natürlich, abhängig von deinem Fitnesslevel. Dies musst du selbst abstimmen.

Ernährungstipp:

- An Trainingstagen morgens direkt nach dem Aufstehen eine Tasse Grünen Tee zusammen mit 0,5 Liter Wasser trinken, denn es ist sehr wichtig an Trainingstagen gut hydriert zu sein, also vor und nach dem Training ausreichend Wasser zu trinken. Grüner Tee kann auch die Muskelregeneration unterstützen.

- Zusammen mit den Mahlzeiten solltest du genügend trinken.

- Lieber mehrere kleine Portionen über den Tag verteilt essen, als wenige große Mahlzeiten, dies unterstützt die Verdauung

Zusätzlich zeige ich ein beispielhaftes Aufwärm- und Dehnprogramm, das man sinnvollerweise vor dem Training durchführen sollte.

An dieser Stelle will ich jedoch erneut darauf hinweisen, dass Training individuell ist. Also solltest du dich selbst gut analysieren, das Training anpassen und dann allmählich steigern. Für Fortschritt musst du deine Komfortzone verlassen beziehungsweise diese durch Training ständig erweitern.

Herausforderung für Körper und Gehirn

Für sicheres Stehen

* Stelle dich aufrecht hin, die Füße hüftbreit auseinander.

- Das Gewicht verlagern, den Oberkörper nach vorne neigen.

- Konzentriere dich darauf, keinen Ausfallschritt nach vorne zu machen.

- Verlagere dein Gewicht langsam wieder nach hinten (die Hauptbelastung liegt auf den Fersen).

- Die Bewegungen sollten fließend ineinander übergehen.

- Wiederhole die Übung 10-mal.

Seitstütz-Übung

- Leg dich auf die linke Seite, der linke Arm ist leicht angewinkelt, der Oberkörper aufgerichtet. Die linke Hand stützt sich auf ein Kissen oder Therapiekissen.

- Die rechte Hand legst du zunächst vor deinen Körper, um beim Hochstützen die Balance besser halten zu können.

- Nun streckst du den linken Arm und drückst den Körper nach oben, bis Beine und Oberkörper eine Linie bilden.

- Lösen die rechte Hand und strecke diese zur Decke.

- halte den Seitstütz ca. 20–30 Sek. und senke dann den Körper langsam wieder ab.

- Wiederhole die Übung 3-mal auf jeder Seite.

Ballkissen.

- Zur Stabilisierung breite die Arme waagrecht aus.

- Suche einen stabilen Stand auf dem Standbein, das im Knie stets leicht gebeugt sein soll.

- Führe das Spielbein mit gestrecktem Fuß nach außen.

- Halte die Position 10 Sek. lang, wechsle dann das Bein.

- Wiederhole die Übung auf jeder Seite 5-mal.

Oftmals macht es auch Sinn das Training im Alltag zu kombinieren. Wenn man zum Beispiel Yoga macht, kann noch einige Kardioübungen hinzufügen, wie Joggen oder Schwimmen. Und beim Kampfsport bietet sich zusätzliche Zirkeltraining für Explosivkraft und Kraftausdauer an. Generell ist es nie ein Schaden, eine gute allgemeine Fitness aufzubauen oder zu halten. Ich kann es auch sehr empfehlen bei Läufen mitzumachen, wie zum Beispiel einem Halb- Marathon oder Marathon oder einem Hindernislauf wie den Tough Mudder. Dies motiviert und zwingt einen durch das festgelegte Datum, rechtzeitig fit zu werden. Man muss jedoch aufpassen, dass man nach dem

Lauf nicht wieder in alte Gewohnheiten zurückfällt.

<u>Aufwärmprogramm:</u>

- 3 Minuten Hampelmann, aber auch hier kann die Zeit variieren, die Hände dabei hinter dem Rücken zusammenführen.

- Auf der Stelle leicht hüpfen, dabei Arme 20 Mal nach vorne und 20 Mal nach hinten kreisen, Arme dabei gerade lassen.

- Knie schnell nach oben ziehen, dabei auf der Stelle bleiben, Arme gehen dabei mit. Man kann es sich vorstellen wie einen Sprint auf der Stelle.

- Hüfte kreisen in beide Richtungen für jeweils 10 Sekunden.

- Leicht auf der Stelle hüpfen und Arme und Beine ausschütteln.

<u>Dehnprogramm:</u>

- Nacken langsam kreisen.

- Langsam nach unten gehen, dabei ausatmen, Beine gerade halten und nach den Zehen greifen, dann für ein paar Sekunden halten und wieder hochkommen und tief einatmen, dies wiederholt man drei Mal.

- Fußgelenke und Handgelenke für 30 Sekunden kreisen.

- Schmetterling: Auf den Hinterteil setzen, Fußsohlen aneinander führen und Knie langsam in Richtung des Bodens führen.

- Beindehnung im Stehen: Fuß am Knöchel fassen und in Richtung des Hinterteils führen.

- Trizepsdehnung: Einen Arm hinter den Kopf führen und Ellenbogen abknicken, mit der anderen Hand am Ellenbogen fassen und den Ellenbogen in Richtung Mitte führen, Spannung für einige Sekunden aufrecht erhalten. Dies auf beiden Seiten.

<u>Trainingsprogramm:</u>

<u>Anfänger:</u>

➔ Beispiel 1:

- – 20 Liegestütze, wenn dies noch nicht möglich ist, kann man auf die Knie gehen.

- – 20 enge Liegestütze.

- für 30 Sekunden rückwärts auf allen Vieren den Ellenbogen Absenken oder Dips an einer Erhöhung.

- Crunches 20 Wiederholungen.

- 20 Sit-Ups mit leichter Drehung abwechselnd zu einem Knie.

- 30 Sekunden Seitstütz auf jeder Seite

➔ Beispiel 2:

- 30 Ausfallschritte

- 5 Klimmzüge mit umgekehrtem Griff

- 5 Klimmzüge mit normalen Griff

- für 1 Minute und 30 Sekunden Supermänner halten: Man liegt auf dem Bauch und hebt Arme und Beine vom Boden weg, Arme dabei ausstrecken, in dieser Position wippt man dabei, ohne mit Armen und Beinen den Boden zu berühren

- 30 Squats

- 30 Strecksprünge

Trainingsprogramm

Fortgeschrittene:

- 20 Burpees

- 30 enge Liegestützen

- 50 Crunches

- 5 Liegestütze mit Klatschen

- 20 x Beinheben (Bauch)

- 20 Dips

- 40 Sit-Ups mit leichter Drehung abwechselnd zu einem Knie

- Unterarmstütze: 1 Minute und zwanzig Sekunden halten

- 30 Breite Liegestütze

- 20 Liegestütze mit erhöhten Füßen

- 20 Burpees Seitstütz für 1 Minute auf jeder Seite10 Burpees

- Bei diesem Training möglichst wenig Pausen einbauen

- Beispiel 2:

- 20 Burpees

- 50 Squats

- 30 Ausfallschritte

- 20 Klimmzüge

- 20 Klimmzüge umgekehrter Griff

- Supermen

- Basejumper

- 30 Strecksprünge

- 25 Meter Sprints 10 Mal

- 50 Squats

- Regenerationsprogramm:
- Genügend schlafen, das heißt gute 8 Stunden durchgehend, vor allem wenn man trainiert.

Trainingsprogramme mit Körpereigengewicht:

Hier bietet sich Freeletics an, hierzu findet man viele Übungen im Internet, es ähnelt den Beispielen die ich aufführe. Ich persönlich finde die kostenlose Freeletics-App sehr hilfreich.

Es gibt hunderte Übungen und man kann sich sehr gut ohne Geräte trainieren. Natürlich muss man darauf achten, dass man sich gleichmäßig trainiert. Das bedeutet alle Muskelgruppen, sonst können Haltungsschäden entstehen.

Wenn ihr eine Übung besonders trainieren wollt, solltet ihr sie an den Anfang des Trainings stellen, denn dort entsteht der beste Trainingsreiz.

Wichtig ist es außerdem, alle vier bis sieben Trainingseinheiten, die Übungen zu ändern, weil dies einseitiges Training verhindert und bessere Trainingsreize mehr Fortschritt schafft. Langfristige Schäden durch falsches Ausführen von Übungen werden so verhindert.

Die Übungen sollte man immer lieber langsam und korrekt ausführen, als schnell und fehlerhaft.

- Nach dem Training kalt duschen, ein heißes Bad nehmen oder in die Sauna gehen.

- Auf gute Ernährung achten, denn die Ernährung unterstützt Leistung im Sport und der Regeneration

- Meditation plus Mittagsschlaf machen, wenn es sich einrichten lässt, ist dies eine sehr hilfreiche Routine.

- Am Tag nach dem Training locker schwimmen gehen oder Fahrrad fahren.

Krafttraining

Unser Trainingskonzept basiert auf Krafttraining. Wieso ist Krafttraining so bedeutsam? Krafttraining beeinflusst nicht nur unsere Muskulatur, auch unser Herzkreislauf und Lungensystem profitieren stark davon.

Wer einen gut aussehenden Körper haben möchte, wird früher oder später auf Krafttraining zurückgreifen müssen. Wir sprechen hier nicht nur von Gewichtheben auch Training mit Körpereigengewicht gehört dazu. Viele Menschen machen Ausdauertraining wenn sie abnehmen wollen, da der Irrglaube besteht, dass man Laufen muss, um abzunehmen, dabei ist ein Kaloriendefizit ausschlaggebend.

Das gilt übrigens nicht nur für Männer, auch Frauen müssen Muskeln antrainieren, damit die Problemzonen verschwinden. Das Körperfett wird nicht dort verbrannt wo der Körper trainiert wird. Also alleiniges Bauchmuskeltraining macht den Bauch nicht flach und schlank.

Krafttraining ist effektiver als alleiniges Ausdauertraining beim Abnehmen und das aus vielen Gründen.

Häufiges Ausdauertraining senkt unseren Ruhepuls, wodurch der Körper die Leistung mit weniger Energieverbrauch durchführen kann. Das bedeutet, dass wir mit der Zeit immer weniger beim Laufen verbrennen.

Ausdauertraining verbrennt nur Kalorien während der Ausübung, wo hingegen Krafttraining den Stoffwechsel ankurbelt, da sich die Muskulatur nach dem Training regenerieren muss und somit viel Energie in Anspruch nimmt, mehr Muskelmasse bedeutet mehr Energieverbrauch, wodurch es einfacher ist fit zu bleiben

richtig ausgeführtes Krafttraining ist intensiv und verbrennt viele Kalorien.

Ausdauertraining ist wichtig! Aber Ausdauertraining sollte nur ein Zusatz sein und nicht 100% des Trainings ausmachen.

Beim Krafttraining solltest du das Gewicht an die vorgegebene Wiederholungsanzahl anpassen. Wenn du mit 8-10 Wiederholungen trainieren willst, dann muss das Gewicht so gewählt sein, dass du nicht weniger aber auch nicht mehr als 8-10 Wiederholungen schaffst! Was viele falsch machen, ist, dass mit 8-10 Wiederholungen trainiert wird, jedoch weitaus mehr Wiederholungen machbar wären, da das Gewicht zu leicht gewählt wurde. Das ist ein unzureichender Trainingsreiz.

Krafttraining und Frauen

Frauen wollen häufig keine Gewichte heben, da sie Angst haben große Muskel zu bekommen. Das ist jedoch aus genetischer und hormoneller Sicht nicht möglich. Frauen können zwar leichte Muskulatur aufbauen, diese ist aber notwendig, um einen gut geformten und straffen Körper zu bekommen. Wichtig ist auch, dass Frauen, genauso wie Männer auch an der Leistungsgrenze trainieren müssen. Wenn eine Übung 10 Wiederholungen vorsieht, dann muss das Gewicht so gewählt werden, dass nur 10 Wiederholungen durchführbar sind und nicht noch 20 weitere möglich wären.

Die Trainingsphilosophie

Der Trainingsplan, der ein Teil dieses Erfolgskonzeptes ist, wurde bis ins Detail durchdacht und so gestaltet, dass du das Meiste aus dem Training rausholen kannst. Wir haben versucht viele Komponenten in ein Training zu packen und dabei den Überblick nicht zu verlieren.

Unsere Trainingsmethode in wenigen Punkten zusammengefasst:

- Sie ist intensiv, weshalb es gleichzeitig ein Herz-Kreislauftraining ist.

- Sie eignet sich zum Abnehmen als auch zum Muskelaufbau.

- Sie trainiert Muskelkraft, Muskelausdauer und Muskelkoordination.

- Bietet effektive Zeiteinteilung bei nur vier Trainingseinheiten pro Woche.

- Es ist kein Ausdauertraining vorgesehen, kann aber individuell hinzugefügt werden

Die Trainingsmethode

Unser Trainingsprogramm besteht aus einem grundlegenden Gerüst.

- Drop-sets (DS)

- Supersets (SUS)

- High Intensity Training (HIT)

Wir trainieren jede Muskelgruppe 1x pro Woche, außer die Bauch- und Wadenmuskulatur, welche 2x pro Woche trainiert wird. Unser Trainingsprogramm sieht 4 Trainingseinheiten von je 45 bis maximal 60 Minuten vor. Dabei wird die Intensität des Workouts relativ hoch gehalten, wodurch viele Kalorien verbrannt werden und deine Muskeln effektive Reize bekommen, um stärker zu werden.

Die 4 Trainingseinheiten dürfen nach belieben eingeteilt werden. Wichtig zu beachten ist, dass zwischen den einzelnen Trainings nicht mehr als 3 Tage pausiert wird. Zudem bin ich der Meinung, dass die Trainings nicht an 4 aufeinanderfolgenden Tagen stattfinden sollten. Das Einhalten der Workout-Reihenfolge (1 bis 4) ist mir sehr wichtig, da diese so gestaltet wurde dass ein effektives Training möglich ist.

Ausdauertraining ist von mir nicht vorgesehen und kann individuell hinzugefügt werden. Ich empfehlen hierbei ein leichtes Ausdauertraining von 15-20min vor oder nach dem Training, da die Intensität des Trainings bereits hoch ist. Unser Favorit ist das Gehen am Laufband mit 5-6km/h und einer Steigung von 5-7%. Du kannst auch an trainingsfreien Tagen deine Ausdauer trainieren oder einfach einen längeren Spaziergang mit Freunden machen, das verbrennt auch einiges an Kalorien!

Erklärung - Dropsets (DS)

- Jede Übung wird mit 3 Sätzen zu je 8-12 oder 8-10 Wiederholungen trainiert. Beim Dropset wird nach dem Erreichen der 8.-12. Wiederholungen sofort das Gewicht um 50% reduziert und die Übung mit dem reduzierten Gewicht weiter ausgeführt bis keine Wiederholung mehr möglich ist. Die Pause zwischen den einzelnen Sätzen beträgt 45 bis maximal 60 Sekunden.

- Durch diese Technik erreichen wir zwei Vorteile. Einerseits trainieren wir im Bereich des Muskelaufbaus (8-12 Wiederholungen), andererseits im Bereich der Muskelausdauer, da durch das Reduzieren des Gewichtes weitere Wiederholungen (meist 5-10 weitere Wiederholungen) ausgeführt werden. Diese Technik wird immer bei der ersten Übung von jedem Workout durchgeführt.

Erklärung - Supersets (SUS)

- Beim Superset handelt es sich um zwei Übungen, die unmittelbar nacheinander durchgeführt werden. Du machst beispielsweise Kniebeugen (8-12 Wiederholungen) und danach ohne Pause sofort seitliche Ausfallschritte (8-12 Wiederholungen). Die Pause zwischen den Sätzen sollte bei 30-45 Sekunden liegen.

- Diese Technik ermöglicht es uns, in möglichst kurzer Zeit viele Übungen in unser Workout zu integrieren, wodurch das Training intensiver wird.

Erklärung - High Intensitiy Training (HIT)

- HIT ist eine besondere Trainingstechnik, die du am Ende des Workouts für die größte Muskelgruppe (entweder Brust, Rücken, Schultern oder Beine) durchführst. HIT wird an einem geführten Gerät und mit wenig

Gewicht durchgeführt.

- Du musst dabei die 5-5-5-Sekundenregel beachten. Du führst die Bewegung konstant sehr langsam aus. Zuerst 5 Sekunden aus der Ausgangsstellung in die Endstellung (Konzentrik). Dann bleibst du in der Endstellung für weitere 5 Sekunden (Isometrik) und anschließend führst du die Bewegung aus der Endstellung in die Ausgangsstellung zurück und das im 5 Sekundentempo (Exzentrik).

- Das Ganze wiederholst du für ca. 1 1/2 Minuten, oder bis deine Muskeln versagen.

<u>Der Trainingsplan</u>

Unser Plan besteht aus 4 Trainingseinheiten. Die Workouts sind folgendermaßen eingeteilt und sollten in dieser Reihenfolge durchgeführt werden. Die von uns gewählten Wochentage kannst Du an deinen persönlichen Zeitplan adaptieren.

- Dienstag: Brust, Trizeps, Waden

- Mittwoch: Rücken, Bizeps, Bauchmuskulatur

- Samstag: Schultern, Nacken, Waden

- Sonntag: Beine (Oberschenkelvorderseite und -hinterseite), Gesäß und Bauchmuskulatur

Workout 1 - Brust, Trizeps & Waden

Als Körpergewichtsübungen eignen sich:
•Klimmzüge: Wenn du anfangs keine ganzen Klimmzüge schaffst, stelle einen Stuhl unter die Stange und hilf mit den Beinen nach. Du kannst die Übung variieren, indem du die Stange mal breiter und mal enger fasst oder auch mal im Obergriff (Handrücken zeigt von dir weg).

•Liegestütze: Die bekannteste aller Übungen. Variiere die Griffweite (ganz eng legt die Belastung eher auf die Trizeps, breit eher auf die Brust) und die Bewegungsgeschwindigkeit. Schwieriger wird's, wenn du die Füße auf einem Stuhl ablegst.

•Dips zwischen 2 Stühlen: eine weitere gute Übung für Arme, Schultern und Brust. Stelle zwei Stühle einander gegenüber. Greife die Sitzfläche des einen an beiden Seiten und lege die Füße auf die Sitzfläche des anderen. Stütze deinen Oberkörper jetzt hoch und lass ihn dann zwischen den beiden Stühlen ab, um sich dann durch die Kraft deiner Arme wieder aufzurichten.

•Kniebeugen: Trainiere unbedingt auch die Beine. Zum einen verbrennst du damit Kalorien, kurbelst deinen Stoffwechsel und die Hormonausschüttung an. Außerdem sehen dürre Beine weder bei Frau noch bei Männern sonderlich gut aus. Gehe bei den Kniebeugen so tief, wie es dir ohne Schmerzen in den Knien möglich ist.

•Ausfallschritte: Eine weitere großartige Übung für die Beine sind Ausfallschritte. Stell dich schulterbreit hin. Mach dann mit einem Bein einen großen Schritt nach vorne und gehe mit diesem Bein in die Knie, soweit, bis der Oberschenkel parallel zum Boden ist. Zwischen Wadenbein und Oberschenkel sollte sich ein Winkel von 90 Grad zeigen, stößt du dich dann wieder kraftvoll in die Ausgangsposition ab. Wenn du möchtest, kannst du in den Händen Gewichte oder Wasserflaschen halten, um die Übung zu erschweren.

•Auch isometrische Übungen eignen sich besonders am Anfang recht gut. Dabei spannst du einen bestimmten Muskel über z.B. 30 Sekunden so hart wie möglich an. Lockerst danach den Muskel, ruhst ihn kurz aus und spannst ihn dann wieder an. Mit dieser Methode kannst du alle Muskeln deines Körpers trainieren.

Zusätzliche Trainingstipps

- Trainiere nicht zu Stoßzeiten im Fitnesscenter, da die meisten Geräte und Bänke besetzt sind, wodurch ein intensives und effektives Training nur schwer möglich ist

- Du kannst und sollst die Reihenfolge der einzelnen Übungen einer Trainingseinheit variieren. Dadurch gewöhnt sich dein Körper nicht an die gesetzten Reize.

- Trainiere mit einem Gewicht, das dir erlaubt 8-12 Wiederholungen mit guter Ausführung zu absolvieren. Wenn du weniger als 8 oder mehr als 12 Wiederholungen schaffst, musst du das Gewicht anpassen.

- Trainiere nicht auf vollen Magen, das reduziert die Intensität.

- Trainiere nicht hungrig, dadurch kannst du weniger Kraft entwickeln.

- Trinke ausreichend vor und während dem Training, du solltest ein Durstgefühl über den ganzen Tag vermeiden.

- Halte die vorgegebenen Pausen zwischen den einzelnen Sätzen ein.

- Fokussiere dich auf dein Training!

- Smartphone und Gespräche müssen warten.

- Halte deine Ruhetage ein, Ruhe ist für deinen Körper wichtig, da es zur Regeneration dient.

- Versuche möglichst wenig Alkohol zu trinken

<u>10 Regeln für einen gesunden Körper und Geist</u>

1 Bewegung macht den Unterschied: Sei im Alltag regelmäßig körperlich aktiv und entscheide dich damit für Gesundheit und mehr Lebensqualität! Auf diese Weise stärkst du auch deine Knochen. Belaste den Körper kräftig und regelmäßig und du beugst selbst Osteoporose vor. Nützliche Tipps und Übungen erhältst du in „Mehr Bewegung im Alltag" sowie in „Mehr Fitness für den Stoffwechsel".

2 Kümmere dich um dein Herz! Dieser so lebenswichtige Muskel will gefordert werden, damit es verlässlich und bis ins hohe Alter gut arbeiten kann. Überlege, mit welcher Sportart du deine Ausdauer verbessern kannst, und bleibe mit Freude dabei.

3 Gib acht auf deine Muskelkraft. Wenn du deine Muskeln immer wieder einsetzt, also beispielsweise schwerere Dinge trägst, Treppen steigst oder gezieltes Krafttraining machst, stärken sie die Muskeln und gewinnen Kraft. Starke Muskeln sorgen auch für eine aufrechte Haltung, die dir Selbstvertrauen verleiht.

4 Die Lunge versorgt dich mit dem lebenswichtigen Sauerstoff. Damit das Organ gut funktioniert, achte darauf, dass du möglichst saubere Luft einatmest, verzichte möglichst aufs Rauchen. Nimm deinen Atem bewusst wahr und trainiere die Muskeln des Oberkörpers, die die Atmung unterstützen.

5 Liefere dem Körper mit deiner Ernährung die richtigen Bausteine. Biete ihm eine ausgewogene, zucker- und fettarme sowie vitamin- und ballaststoffreiche Nahrung an.

6 Vermeide Übergewicht! Reduziere dein Gewicht, wenn du zu viel auf die Waage bringst. Nimm dir Zeit für dieses Projekt, lass dich beraten und setze dir erst einmal kleine Ziele.

7 Versuche, möglichst auf Genussmittel zu verzichten: Rauche nicht oder möglichst wenig und wenn du Alkohol genießt, dann nur in Maßen.

8 Setze auf die Kräfte der Natur, indem du dich beispielsweise öfter Kältereizen aussetzt, um Blutkreislauf und Stoffwechsel zu aktivieren. Gehe so oft wie möglich hinaus an die frische Luft, und beuge mit Heilkräutern oder homöopathischen Mitteln vor.

9 Lache – bei jeder sich bietenden Gelegenheit, laut und herzlich. Das setzt wichtige chemische Prozesse in Gang, die sich positiv auf deinen Körper und dein Gesamtbefinden auswirken.

10 Pflege soziale Kontakte, freue dich über deine Familie, Freunde und

Nachbarn und genieße auch – und besonders – die kleinen Glücksmomente im Leben. Das entspannt und fördert das Wohlbefinden.

Der Mensch ist von Natur aus darauf angelegt, sich zu bewegen. Das zeigt sich schon an der Vielfalt an Bewegungsmöglichkeiten, die dem Menschen von seinem Körperbau her zur Verfügung stehen: laufen, gehen, springen, hüpfen, rennen, schleichen, kriechen. Oder hangeln, heben, schieben, um auch Arme und Rumpf ins Spiel zu bringen. Nur mit kräftigen Muskeln und starken Knochen sind diese Aktivitäten überhaupt möglich.

Dennoch verbringen wir den Großteil unseres Lebens stehend, sitzend und liegend. Zumindest als Erwachsene. Kinder nutzen in der Regel jede Gelegenheit, um durchs Leben zu quirlen. So waren wir auch einmal – und wurden dann von Eltern und Großeltern gemahnt, doch endlich einmal ruhig zu bleiben.

In der Regel blieben und bleiben solche Ermahnungen folgenlos. Zum Glück, denn mit und über Bewegung erobern sich Kinder ihre Welt. Sie werden zu Menschen, die im besten Sinn des Wortes „selbstständig" sind, die ihr Leben aktiv gestalten und kreativ auf die Herausforderungen des Alltags reagieren können.

Der gute Tipp Jetzt anfangen, nicht morgen!

Du hast Dir vorgenommen, mehr Sport zu machen? Dann nutze deine gute Stimmung sofort. Zieh jetzt deine Sportschuhe an und gehe mindestens 10 Minuten flott spazieren. Weiterlesen kannst du später!

Kraftvoll durch den Tag für mehr Lebensfreude

Bewegung und ein starker Körper sind unser Tor zur Welt. Leider übersehen wir das oft, weil es so viel vermeintlich wichtigeres im Alltag gibt. Aber seien wir ehrlich: Was kann wichtiger sein, als so lange wie möglich selbstbestimmt agil am Leben teilzuhaben und es aktiv mitgestalten zu können?

Wenn du dich ausreichend bewegst stehen dir sämtliche Möglichkeiten offen, das belegen auch zahlreiche Studien. Mit Sport und Bewegung gelingt es, dem Leben mehr Jahre und den Jahren mehr Leben zu geben.

Das gilt nicht nur für diejenigen, die schon immer sportlich waren, sondern für jeden und in jedem Alter. Mit Sport anzufangen, ist nie zu spät und lohnt sich immer. Denn der menschliche Organismus ist bis ins hohe Alter trainierbar und lernfähig.

Die Zellen fordern

Etliche unserer Zellen teilen und erneuern sich regelmäßig, wenn auch nicht mehr mit demselben Elan wie bei Heranwachsenden. Eine rühmliche Ausnahme machen da nur die Skelettmuskelzellen, die sich alle 14 Jahre rundum erneuern. Deshalb ist Krafttraining in jedem Alter besonders effektiv.

Aber auch Ausdauer- und Beweglichkeitstraining zahlen sich immer aus. Selbst neuronale Verbindungen im Gehirn können ein Leben lang nachwachsen, wie Forscher längst schon herausgefunden haben. Das bedeutet: Neues zu lernen ist jederzeit möglich, egal in welchem Alter. Unterstützt wird die Leistungsfähigkeit des Gehirns ebenfalls durch Bewegung.

<u>Ohne Bewegung keine Kraft!</u>

Umgekehrt gilt: Was wir nicht nutzen, wird abgebaut. Da verhalten sich unsere Zellen ebenso logisch wie ökonomisch. Auch wenn wir damit leben müssen, dass im Alter die abbauenden Prozesse die aufbauenden überwiegen, haben wir viel selbst in der Hand.

Warum also aufgeben und zur Ruhe setzen, wo unser Organismus doch geradezu nach Herausforderungen lechzt? Denn wie für Kinder gilt auch für Erwachsene: Ein kräftiger Körper, der viel in Bewegung ist, hilft dir, an vielen Facetten des Lebens teilzuhaben: Bleib dabei!

Der 10-Minuten-Tipp Wenn die Zeit für ausgiebige Bewegung nicht reicht, setz dir ein Minimalziel: Belaste dich mindestens 1-mal am Tag so intensiv, dass die Atmung hörbar schneller wird. Je mehr dieser Minitrainings du einbaust, umso besser kommst du in Schwung.

Entspannung

Du bist ja ein toller Hecht, was du alles stemmst! In aller Herrgottsfrühe aus dem Haus: Ohne Frühstück, klar, der Job ruft. Bis Mittag gräbst du dich wie ein Maulwurf durch Berge von Akten, telefonierst, mailst, delegierst.
Nichts läuft ohne dich, Hut ab, du bleibst unter Dampf. Ein Imbiss im Stehen, der Kunde wartet nicht, aber auf dich ist Verlass! Wenig später hechelst du zum nächsten Termin, die Kollegen tuscheln bewundernd: „Der schafft was weg!" Das spornt an. Du bleibst noch, wenn alle gehen.
Die Präsentation morgen, was wäre der Chef ohne dich? Du weißt wirklich, was Trumpf ist. Wenn du nach Hause kommst, ist es sehr spät, wie so oft. Du bist lustlos, hundemüde, wie fast immer. Heute findest du eine Notiz: „Hallo Schatz, ich bin dann mal weg!" Was sagt dir das? Wer nur am siebten Tag ruht und sonst pausenlos Vollgas gibt, sitzt irgendwann ausgebrannt allein zu Haus.

Regeneration

Sich mit vorbildlichem Eifer auf das Training zu konzentrieren ist durchaus lobenswert und der richtige Schritt in ein gesundes Leben. Genau so wichtig ist es aber dass Regeneration zu einem guten Training und einer optimalen Leistung dazu gehört. Schenke der Erholung ebensolche Beachtung wie der Belastung.
Ich versuche euch einen Überblick zu verschaffen.

„Auf sportliches Training bezogen, kann man Regeneration auch als Umkehr einer trainingsbedingten Ermüdung sehen. Regenerationsprozesse laufen dabei auf unterschiedlichen Ebenen des Organismus parallel ab. Vor allem betroffen sind das Herz-Kreislaufsystem, der Stoffwechsel, hormonelle und immunologische Regulationsmechanismen sowie zentrales und vegetatives Nervensystem."

- Zitat von Stefan Schurr aus seinem Buch über Regeneration:

Tipps um einen Arbeitstag gut zu überstehen

- Während eines Sitzmarathons – im Büro oder Auto: Lege alle ein bis zwei Stunden eine kurze Pause ein, sonst schwindet die Konzentration. Lass den Kaffee stehen und mach ein paar Dehnungsübungen.

- In der Mittagspause: Am Schreibtisch sitzen bleiben und private Mails schreiben entspannt nicht wirklich. Spaziere mal um den Block oder gehe mit den Kollegen zu Tisch – aber möglichst nicht über die Arbeit reden!

- Vor dem Computer: Richte den Blick alle zehn Minuten in die Ferne. Und lass ihn zu unterschiedlich entfernten Gegenständen schweifen, das entspannt deine Augen. Dehne Dich immer wieder. Steh auf und geh auf ein Schwätzchen.

- Nach einem anstrengenden Tag wenn du völlig ausgepowert bist, quäle dich nicht sofort zum Sport, das bedeutet oft extra Stress. Lies jetzt lieber ein Buch oder höre Musik.

- Bei einem Streit: Lege die rechte Hand aufs Herz, die linke auf den Bauch – und atme ganz tief ein und aus. So lässt du Dampf ab und erdest dich neu.

Regeneration ist absolut notwendig um langfristiges Übertraining zu vermeiden. Bei Übertraining kommt es zu einem drastischen Zerfall der Leistung und zu einer Verschlechterung der Gesundheit. Die Folgen im schlimmsten Fall sind ein Konzentrationsschwierigkeiten und erhöhtes Fehlerrisiko. Das Verletzungsrisiko steigt und das Immunsystem kann geschwächt sein. In weiterer Folge kam es oft zu psychischen Belastungen, Trainingsunlust. Appetitlosigkeit und Schlafstörungen.

- Der Körper braucht ganz einfach Zeit um sich zu erholen und die Energiereserven aufzufüllen, diese Erholungsphasen können besonders effektiv und effizient gestaltet werden.

- Wichtig ist es, die eingeplanten Regenerationsphasen konsequent einzuhalten. Belastung und Regeneration müssen für optimale sportliche Leistung, gut aufeinander abgestimmt werden. Bei länger andauernder starker Trainingsintensität wird empfohlen gelegentlich eine Regenerationswoche einzubauen. Eine Woche mit stark reduzierter Belastung, Sauna, Massagen und langen Spaziergängen.

- Trink nach dem Training viel Wasser oder isotonische Getränke, auf keinen Fall Alkohol, er hindert deinen Körper deinen Trainingseffekt zu erhalten und kann die Regeneration deutlich verlangsamen. Alkohol hat im Alltag eines ambitionierten Sportlers absolut nichts zu suchen. An dieser Stelle muss man natürlich sagen, dass es immer Ausnahmen gibt. Wenn du sonst gut auf seine Gesundheit achtest, ist dies auch völlig in Ordnung.

Wichtiges zur Regeneration:

<u>Passive Regeneration</u>
Passive Maßnahmen finden ohne Eigenbewegung statt, helfen die Heilung des Muskels zu beschleunigen, zu unterstützen und stärken dich mental.

- **Massage:** es gibt zahlreiche Arten von Massagen, aber in der Regel führen sie zu einer Entspannung des Muskels, lösen Verspannungen und fördern die Durchblutung, sie beugen Verletzungen vor und beschleunigen die Regeneration. Sanfte Massagen bauen Stress ab, regen das Lymphsystem an und stimulieren den Kreislauf. Feste Griffe machen die Muskeln locker und die Sehnen geschmeidig. Typische Techniken sind Streichen, Reiben, Klopfen – die kann jeder. Komplizierte Techniken sollte man dem Fachmann überlassen

- **Sauna** oder heiß baden bei 36 Grad, erwiesenermaßen fördern Saunagänge und heiße Bäder die Muskelheilung und verbessern noch dazu deine Ausdauerleistung. Ein Durchgang mit 20 Minuten ist eine gute Zeit. Warte nach dem Sport etwas ab bevor du deine Saunagang antrittst.

Das Schwitzen das Immunsystem indirekt stärkt, ist kein großes Geheimnis. Deshalb sind Saunabesuche gesundheitsfördernd. Der zum richtigen Saunieren gehörende Wechsel zwischen Saunakabine und kalter Dusche, fördert die Durchblutung und bringt den Kreislauf in Schwung. Durchschnittlich schlägt ein menschliches Herz etwa 4 Milliarden Mal. Und damit es das so lange wie möglich kann, gehört zu einem fitten Menschen auch ein gesundes Herz.

Der Unterschied zwischen Dampfbad und Sauna:
Der Unterschied liegt im Klima, während es in der Sauna bei einer Temperatur von 80 bis 120 Grad heiß und trocken ist, findest Du in der Dampfkabine ein sehr feuchtes Klima und eine Temperatur von etwa 50 Grad vor. Wenn Du unsicher bist, was dir eher liegt, überlege ob du lieber im tropischen Amazonasgebiet oder in der Wüste Urlaub machen würdest. Vom gesundheitlichen Aspekt aus gesehen, kann das Dampfbad als moderate Form der Sauna bezeichnet werden. Beide Varianten trainieren durch die Warm-Kalt Einwirkung das Herz-Kreislaufsystem und sorgen für einen ausgeglichenen Blutdruck. Übrigens, Saunieren ist nicht nur gut für den Kreislauf, es lockert und entspannt auch die Muskeln. Nach einem anstrengenden Tag wirkt das mitunter wahre Wunder.

- **Entmüdungsbecken** oder ein **kurzes, eiskaltes Bad** funktionieren nach einem ähnlichen Prinzip, außerdem haben sie eine sehr vitalisierende Wirkung, stärken Immunsystem und Kreislauf und regen den Stoffwechsel an

- **Schlaf:** Einer der wichtigsten Punkte. Wichtig ist es genügend guten Schlaf zu bekommen, 8 Stunden im Durchschnitt. Zusammen mit der Ernährung ist dies der wichtigste Faktor in der Regeneration.

Schlaf.

Zu diesem Thema werde ich dir Argumente nennen, die belegen, warum guter Schlaf so gesund und wichtig ist.
Wenn wir mal ehrlich sind, schlafen wir meist zu wenig. Abends schauen wir uns noch stundenlang YouTube Videos an und müssen dann morgens zur Uni, zur Schule oder zur Arbeit. Oft wundern wir uns warum wir tagsüber so schlapp sind.
Schlaf ist sehr wichtig für die Regeneration der Muskulatur, aber noch wichtiger für die Regeneration des Gehirns. I

Deshalb ist Schlaf so wichtig;

•Genügend Schlaf ist wichtig um konzentriert arbeiten zu können.

•Schlaf fördert Kreativität, da das Gehirn bei genügend Schlaf neue Verknüpfungen entwickelt, können neue Denkmuster entstehen.

•Schlaf festigt Erlerntes, zum Beispiel bei neu erlernen Bewegungsabläufen im Sport

•Schlaf verbessert durch Erholung die Leistungsfähigkeit.

•Schlaf stärkt das Immunsystem und reduziert dadurch die Gefahr krank zu werden

•Schlaf ist wichtig um Informationen zu verarbeiten und diese im Langzeitgedächtnis abzuspeichern.

•Schlaf reguliert den Stoffwechsel.

•Schlaf stärkt die Psyche und bringt Ausgeglichenheit.

Folgen von zu wenig Schlaf:

Konzentrationsstörungen, Gereiztheit, Anfälligkeit für Krankheiten, Antriebslosigkeit und, nicht zuletzt - Müdigkeit.

Was ist guter Schlaf?

- der wohl wichtigste Punkt ist die Länge des Schlafs, im Durchschnitt brauchst du mindestens 7 bis 8 Stunden Schlaf.
  Das Schlafpensum variiert jedoch aufgrund von Alter, Bewegung, oder Gewicht des schlafenden.

- Abends vor dem Schlafengehen, weniger Zeit vor dem Bildschirm verbringen, denn das Licht des Bildschirms unterdrückt die Ausschüttung von dem Schlafhormon Melatonin. Eine Lösung hierfür ist vor dem Schlafengehen kein Handy und keinen Computer oder (im Notfall) eine App mit Blaulichtfilter für dein Smartphone.

- Meide Kaffee, Cola oder Schwarztee nach 16 Uhr, da diese zu Einschlafstörungen oder Schlafstörungen führen können.

- Vor 23 Uhr einzuschlafen unterstützt den Körper bei der Regeneration.

Um deine Leistungen zu verbessern, egal in welchem Bereich, ist guter Schlaf eine Grundvoraussetzung. Dies wurde durch zahlreiche Studien erwiesen.

Schlaf ist definitiv keine Zeitverschwendung, sondern die beste und natürlichste Form der Regeneration.

<u>Die aktive Regeneration</u>

Aktive Maßnahmen um die Heilung der Muskel zu beschleunigen und zu unterstützen. Ich werde hier einige wichtige Punkte erklären.

Ich empfehle dir das Buch „Regeneration für Sportler" von Stefan Schurr.

> *Diejenigen Prozesse, die den Trainingseffekt bewirken, laufen nicht während der Belastung, sondern danach, während der Erholung, ab.*
>
> Stefan Schurr

- **Kompensationstraining:** Dabei sind leichte Übungen gefragt, die deine Gelenke und Sehnen nur leicht belasten. Wie zum Beispiel Schwimmen oder Radfahren. Die Belastung ist kurz, leicht und soll fließend durchgeführt werden. Optimal ist es sich am Folgetag eines anstrengenden Trainings ein Kompesationstraining zu gönnen. Um deine Muskeln zu entlasten entscheide dich für eine Sportart, die nicht zu deinem Training gehört,

- **Dehnen:** Dies ist ein extrem wichtiger Punkt. Dehne dich sowohl vor, als auch nach dem Training um die Beweglichkeit der Muskeln, der Sehnen und Bänder zu erhalten und das Verletzungsrisiko zu senken. Zusätzlich wird die Muskelregenration unterstützt, du verbesserst deine Gelenkbeweglichkeit und du übst deine Koordination.

- **Ernährung und Flüssigkeit:** Trinke ausreichend und warte nicht bis du durstig bist. Kauf dir eine schicke Wasserflasche und nimm sie stets zum Training mit. Für eine optimale Regeneration braucht es eine optimale Ernährung. Gute Ernährung ist zusammen mit Schlaf der wichtigste Faktor für die Regeneration

- **Die Hartschaumrolle:** Eine Hartschaumrolle ermöglicht es dir Selbstmassagen durchzuführen sie fördert die Durchblutung, löst Verkrampfungen und hat sich zur schnellen Erholung der Muskeln bewährt.

- **Meditation:** Weil ich von der Kraft der Meditation überzeugt bin, widme ich dem Thema ein eigenes Kapitel.

Meditation

Meditieren. Meditieren ist wohl einer der ältesten Techniken, die sich, aus gutem Grund, bis heute durchgesetzt und bewährt hat. Es gibt viele Studien dazu, die die positiven Effekte von Meditation beweisen (siehe Quellenangaben).Obwohl die zahlreichen, wissenschaftlich bewiesenen Vorteile von Meditationen bekannt sind, wird es bei Otto Normalverbraucher noch immer zu selten als Werkzeug eingesetzt. Regelmäßige Meditation bewirkt durch Stressreduktion, dass der Blutdruck sinkt, das Immunsystem wird gestärkt, der Cholesterinspiegel sinkt, die Gehirnfunktion wird verbessert und bei steigendem Alter wird der Erhalt des Gehirns gefördert. Meditation verbessert den Schlaf und kann Schmerzen lindern.
Es werden noch etliche weitere Entspannungsmethoden angeboten, die mit der Fokussierung auf den eigenen Körper und einer kontrollierten Atmung für Entspannung sorgen. Zum Beispiel autogenes Training, progressive Muskelentspannung nach Jakobsen oder einfach Musik zur Entspannung.

Warum meditieren?

Die körperlichen Vorteile von regelmäßigem Meditieren sind beeindruckend:

- Senkung des Blutdrucks, gestärktes Immunsystem, sinkender Cholesterinspiegel durch Stressreduktion, verbesserte Funktion des Gehirns (dickere Großhirnrinde) und bei steigendem Alter Erhalt der Leistungsfähigkeit des Gehirns, besserer Schlaf und Linderung von Schmerzen.

- Durch eben diese Vorteile hilft Meditation zum Beispiel bei der Regeneration nach dem Sport und bei Muskelverkrampfung.

- Meditieren führt zu einer verbesserten Selbstwahrnehmung. Du lernst auf die Zeichen deines Körpers zu achten.

- Kann bei Depressionen helfen.

- Es hilft dir bei der Selbstkontrolle und dabei deine Emotionen zu kontrollieren, was dich zu einem ausgeglichenen Menschen macht und meiner Meinung auch zu einem glücklicheren Menschen. Ein weiterer Grund ist, dass es Stress reduziert. Und uns so auch vor Burnout oder ähnlichen Phänomenen schützen kann.

- Meditieren kann deine Kreativität anregen, denn oft ist unser Problem, dass wir uns zu sehr auf ein Problem konzentrieren. Und durch diese Fokussierung, so voreingenommen sind, dass wir das Problem nicht lösen können und keine neuen Kombinationen erwägen. In ihrem

Buch „*a mind for numbers*" nennt es Barbara Oakley den Einstellungeffekt. Meditation hilft die <u>Fokussierung aufzulösen</u> und erlaubt es, dass neue Gehirnverknüpfungen entstehen. .

*
* Meditation bietet <u>Entspannung</u> für Körper und Geist.

Ich denke die Argumente für Meditation sind sehr stark. Nun bleibt natürlich noch die Frage, welche Art von Meditation. Wie man meditiert. Und wie oft und wie lange?

Meditieren basiert oft darauf, den Atem kontrolliert ruhig und gleichmäßig zu halten. Zudem geht es darum einen Zustand des „Nicht fokussiert seins" zu erlangen. Dies ist natürlich nur sehr vereinfacht. Es geht auch darum die Aufmerksamkeit dem eigenen Körper und Geist zuzuwenden und sich somit von äußeren Faktoren zu lösen.

Es gibt verschiedene Techniken zu meditieren. Für Anfänger kann ich geführte Meditationen empfehlen, weil ich selbst noch am Anfang stehe diese Technik zu lernen. Kurse sind mit Sicherheit auch sehr ratsam. Ihr findet im Internet genügend gutes Material für wenig oder kein Geld.
Des Weiteren kann auch die App „Meditationstimer" sehr hilfreich sein. Hier behaltet ihr einen Überblick, wie lange und wie oft ihr meditiert. Wie oft soll man meditieren? Ich rate wirklich es jeden Tag zu tun. In einem Zeitrahmen von 15 Minuten. Aber auch in kleinen Zeiteinheiten ist es hilfreich. Solange es regelmäßig gemacht wird.

Im besten Fall kombinierst du verschiedene Methoden. Du kannst zum Beispiel einen angenehmen Spaziergang machen und danach gleichzeitig baden und meditieren. Dabei hast Du ein paar Fliegen mit einer Klappe geschlagen, du hast Bewegung an der frischen Luft gemacht und tankst Vitamin D aus der Sonne. Dies ist nur ein Beispiel aus vielen Möglichkeiten. Pass die Regeneration deinem Zeitplan an, der oben genannte Vorschlag kostet dich zum Beispiel nur eine Stunde.

Du kannst dir auch selbst eine Meditation auf Band sprechen und hast somit deine ganz Individuelle Entspannungsmethode.
Beispiele für Meditationen findest du im Anhang.

<u>Sport und Glück</u>

Stell dir vor, du kommst nach einem Ausdauerlauf, einer ausgedehnten Wanderung, einem Tennismatch oder einer schweißtreibenden Aerobicstunde nach Hause und fühlst dich rundum wohl. Die Bewegung hat dir gut getan. Du bist zufrieden mit dir und Stress perlt an dir ab. – Du bist gut gelaunt.

Wissenschaftlich ist längst belegt das Sport nicht nur gesund, sondern auch glücklich macht. Dafür verantwortlich sind gleich mehrere Faktoren.

Positives Selbstbild

Menschen, die aktiv und fit sind, nehmen sich selbst positiv wahr. Sie sind überzeugt, die ihnen zur Verfügung stehenden Fähigkeiten so einsetzen zu können, dass sie ihre Ziele erreichen. Sie haben öfter ein Lächeln auf den Lippen, begegnen ihren Mitmenschen positiv und das bekommen Sie x-fach zurück..

Abbau von Stress

Dein Körper reagiert auf kritische Situationen immer noch ein wenig wie in der Steinzeit: Er stellt sich bei Aufregung auf Kampf oder Flucht ein, es werden vermehrt „Stresshormone" wie Cortisol ausgeschüttet. Beim Rennen und Kämpfen baute der Mensch den Hormonüberschuss wieder ab. Du brauchst nicht zu kämpfen, aber lege nach stressigen Situationen einen kurzen intensiven Lauf durch den Park ein, steig schnell Treppen, lege Musik auf und tanze einen Song lang.

Spannungen lösen

Entspannung setzt Anspannung voraus. Diese Erfahrung kannst du ganz einfach nachvollziehen, wenn du deine Hand einige Sekunden zur Faust ballst und wieder loslasst: Der Unterarm und die Finger fühlen sich schwer und gelöst an. Das ist eine Übung aus der progressiven Muskelentspannung nach Jacobson.
Auch Yoga funktioniert aus dem Wechsel von Anspannung und Entspannung.

Gute Stimmung

Mit körperlichem Training kannst du deine Stimmung heben – bei leichten Depressionen wirkt es nachweislich stimmungsaufhellend. Sport verringert Angstzustände und wirkt positiv auf die hormonellen Stress-Regulationssysteme. Von diesen positiven Effekten profitieren auch seelisch Gesunde. Durch intensive sportliche Belastung sinkt die Aktivität in den „Grübelzonen" des Gehirns, die für negative Emotionen zuständig sind. Das funktioniert nicht nur im Akutfall, sondern bei regelmäßiger Bewegung auf Dauer.

Glückshormone

Bei Ausdauerbelastungen, z. B. Schwimmen und Walking, schüttet der Organismus verschiedene Botenstoffe aus, die teils anregende, teils

entspannende Wirkungen haben. Sie werden oft als „Glückshormone"
bezeichnet. Dazu gehören Dopamin, Serotonin, Endorphine und BDNF.
Dopamin regt unser Belohnungssystem an. Serotonin entspannt nach dem
Sport die Muskulatur der Blutgefäße und wirkt damit beruhigend. Endorphin,
ein körpereigenes Morphin, kann berauschende Gefühle auslösen. BDNF
dagegen regt den Aufbau neuer Nervenzellen und Synapsen im Gehirn an.
Der 99-Sekunden-Tipp Wer schlecht drauf ist, lässt den Kopf hängen. Das
funktioniert auch umgekehrt: Über die Haltung können Sie durchaus Ihre
Stimmung beeinflussen. Richten Sie sich auf, nehmen Sie die Schultern
etwas zurück, geben Sie Ihrem Brustkorb Raum und heben Sie den Kopf –
Sie werden sofort spüren, wie die Lebensgeister in Ihnen erwachen.

<u>Im Takt – Bewegen mit Musik</u>

Mit Musik läuft vieles besser. Beschwingte Musik bringt uns in Schwung,
macht uns Beine und hilft uns, in einen aktiven Rhythmus zu kommen.
Welche Musik für dich die „richtige" ist, hängt von deinen persönlichen
Vorlieben ab. Volksmusik ist grundsätzlich genauso geeignet wie Rock und
Pop oder klassische Musik. Wichtig ist in erster Linie, dass die Klänge
dynamisch wirken und dir auf diese Weise einen motivierenden Impuls
verleihen.
Ein wichtiger Faktor ist das Tempo. Musik, die Sie beim Gehen begleitet,
sollte etwa 100–120 Schläge pro Minute haben. Langsames Jogging verträgt
150 Schläge pro Minute, zügiges Jogging 180 Schläge pro Minute. Wenn du
die Stücke nicht mit der Stoppuhr auszählen willst, probiere einfach im
Wohnzimmer aus, welche Musik am besten für dein Bewegungstempo
geeignet ist.
Wenn dir der Antrieb zu jeglicher Bewegung fehlt, lege einfach Musik auf, zu
der du schon immer gern getanzt hast, und lass dich von der Musik
verführen. Es schaut ja keiner zu, wie du durch die Wohnung schwebst oder
abrockst!

Sport und Ernährung

Durchdachtes und gut durchgeführtes Training ist nur die halbe Miete zu
Fitness und Gesundheit. Die Ernährung ist Teil der Regeneration und sie ist
genauso wichtig für deine Leistung im Sport und im Alltag.
Es verwundert mich zu sehen, wie wenig es die meisten interessiert, was sie
täglich zu sich nehmen.

Ich möchte dir ein Grundverständnis verschaffen, denn das gesamte Thema
abzudecken, würde den Rahmen dieses Buches sprengen. Es wird zwischen
den Energieträgern Kohlenhydraten, Fetten und Eiweißen unterschieden..
Dazu kommen Vitamine, Mineralstoffe und Spurenelemente, sekundäre
Pflanzenstoffe und Ballaststoffe. Eine gesunde, ausgewogene Ernährung

deckt jeden dieser Punkte ab.

Egal welche Ambitionen du hast, zum Beispiel das Ziel einen Halbmarathon, den du zu einem bestimmten Zeitpunkt laufen möchtest oder Du möchtest Dir so richtig dicke Muskeln antrainieren, vielleicht möchtest du mit Sport abnehmen oder dich einfach fit halten. Was du isst spielt dabei eine große Rolle, du kannst nämlich deine Ziele schneller und gesünder erreichen.

<u>Ausdauersportler</u> sollten auf eine ausreichende Kohlenhydrataufnahme achten, damit während der Belastung genügend Glykogen zur Energiebereitstellung zur Verfügung steht. Dauern die Einheiten länger als 90 Minuten, sollten dem Körper auch während des Trainings leicht verdauliche und hochwertige Kohlehydrate zugeführt werden.

<u>Bei Kraftsportlern</u> steht das Eiweiß im Vordergrund. Denn während Kohlenhydrate und Fette vor allem die Energie für die Muskelarbeit liefern, sind Eiweiße wichtig für den Aufbau von Bizeps, Trizeps und Co. – sie bestehen zu 20 Prozent aus Protein, der Rest ist Wasser.
Gib deinem Körper, was er braucht, was ihn nährt und was ihn erhält.

Warum gibst du dir selbst dann Burger Menüs oder Schokolade, bis dir schlecht ist? Warum trinkst du zehn Tassen Kaffee oder zu viel Bier? Schlucke deinen Stress nicht mit Nahrung herunter, denn dein Magen wird das nicht verdauen können. Deine Seele wird weiter hungrig bleiben, auch wenn du dich mit Eiscreme und Kuchen belohnst und deine Probleme werden nicht verschwinden. Hör auf dich selbst, vergiss Sachen, die dir schaden.

Die Drei-Wochen-Regel

Gib deinem Körper nicht unbedingt alles, wonach dir gelüstet. Auf diese meistens ungesunden Gelüste hast du dich selbst programmiert, oder du bist von zu Hause aus so konditioniert worden. Du kannst das aber gut wieder ändern. Wieder ist Disziplin gefragt und der Wille Gutes für dich zu tun. Und ganz wichtig ist, dass du dich darauf freust leckere, gesunde Speisen zu genießen.

Deine Geschmacksknospen springen ganz schnell auf zuckerhaltiges, salziges, fettiges und Nahrungsmittel die Geschmacksverstärker enthalten an. Schneller und begeisterter als auf Gemüse, Obst und Eiweiß.
Wenn du es drei Wochen geschafft hast, den Geschmack von Äpfeln, Bananen, Beeren, Salaten, Joghurt oder Vollkornbrot bewusst zu erfassen. Wenn du in diesen Wochen mit den Geschmäckern spielst, Kombinationen ausprobierst und für dich neue Lebensmittel kennenlernst, die Dir schmecken,fragst du dich mit hoher Wahrscheinlichkeit wieso du das nicht schon die ganze Zeit gemacht hast, dich gesund und lecker zu ernähren.

Keine Angst, du brauchst letztendlich auf nichts zu verzichten, auch nicht auf Junkfood oder deine Lieblingsschokolade. Du wirst es einfach nicht mehr wollen. Junkfood wird dir zu stark im Geschmack sein und Schokolade zu süß.
Wenn du aus Liebeskummer eine Tafel Schokolade verdrückst, so ist das nicht das Ende der Welt. Wenn du öfter Liebeskummer hast, finde eine andere Möglichkeit damit umzugehen.
Wenn an Opas Geburtstag eine Torte gereicht wird, nimm dir ein kleines Stück, aber mach nicht täglich Jause mit Kaffee und Kuchen. Wenn du es aber das ein oder andere mal doch essen möchtest – tu es!
genieße es! und sieh es als Ausnahme, die du dir eben ab und an gönnst.

Wenn du nach den drei Wochen genau hinhörst, sagt dir dein Körper genau, was er will. Er sagt dir auch, wann du satt bist, er kommuniziert wieder mit dir, wie es von Natur aus gedacht ist. Du hast deinen Körper wieder im Griff, der genau weiß was gut ist.
Du könntest auch so tun, als wärst du dein eigenes Kind. Deinem Kind würdest du natürlich nur das Beste vom Besten geben: das Gesündeste und Natürlichste. Schließlich hast du die Verantwortung für dieses kleine Lebewesen und ebenso für dich

Nimm dir Zeit zum Einkaufen gehe dorthin, wo du frische Lebensmittel bekommst, ein Einkauf am Markt ist etwas tolles. Du gehst von Stand zu stand, siehst was angeboten wird, bekommst regionale und saisonale Produkte die nicht aus fernen Teilen der Welt kommen und viele Kilometer auf dem Buckel haben. Sie sind vom Bauern aus Deutschland, der sein Obst und Gemüse reif erntet und deshalb um ein vielfaches mehr an Vitaminen enthalten.
Nimm dir Zeit zum Kochen, bereite deine Mahlzeiten selbst zu und nimm dir Zeit zum Essen. Deck dir den Tisch, setze dich zum Essen hin und genieße es, freue dich an dem Bunt der vitaminreichen Kost. Lade deine Freunde dazu ein.
Probiere einmal einen Teller hübsch mit allen möglichen geschnippelten Gemüsen herzurichten. Dazu mache ein paar Dips und du wirst staunen, wie schnell deine Gäste das wegputzen.
Oder schneide für die Süßen Geladenen viele verschiedene Obstsorten in mundgerechte Stücke und mach aus Joghurt oder Quark und gesunder Süße wie Birkenzucker eine leckere Dip. Sie werden begeistert sein.
Das gibt auch wesentlich mehr her als Chips & Co.

Tue also so, als hättest du Zeit. Zeit zum Einkaufen. Du würdest dorthin gehen, wo du frische Sachen bekommst. Du würdest dorthin gehen, wo du weißt, woher die Nahrungsmittel kommen.. Und du hättest Zeit zum Kochen. Du würdest deine Nahrung selbst zubereiten. Du würdest dir deine

Mahlzeiten schön herrichten, dich zum Essen hinsetzen und es genießen. Du würdest gern mit Menschen zusammen essen, die du magst. Würde dir das gefallen? Dann nimm dir diese Zeit! Siehst du: So einfach ist gut essen.

Fünf Snack Regeln

•Sei vorbereitet – der nächste kleine Hunger kommt bestimmt. Und dann solltest Du etwas bereithalten.

•Geh lieber auf den Markt als zum Kiosk. Äpfel, Möhren, Wraps oder Sandwiches sind besser als Süßigkeiten.

•Fülle deine Schublade mit Trockenfrüchten und dunkler Schokolade gegen Süßhunger.

•Iss regelmäßig. Das ist der beste Schutz vor Heißhunger.
•Schlürf dich zufrieden! Köstliche Smoothies sind süß, gesund und machen zufrieden.

• Trinke viel !
Der Mensch besteht zu 60-80% aus Wasser. Durch Trinken ersetzt du das Wasser, das während des Tages und der Nacht verbraucht wird. Das ist eine Menge von etwa 2 Litern, die du trinken sollst. Weitere Flüssigkeit gibst du deinem Körper mit der Nahrung die du zu dir nimmst., besonders in Gemüse und Salat. Um das gewünschte Ziel zu erreichen, solltest du morgens mit einem Glas Wasser beginnen. Auch über Nacht verliert der Körper reichlich Flüssigkeit, die aufgefüllt werden muss. Am besten stellst du dir dein Trinkpensum für den Tag gleich in Kannen oder Flaschen bereit.
Regelmäßig über den Tag verteilt trinken ist am bekömmlichsten. Dein Körper bevorzugt natürliches Wasser ohne Aroma, Kohlensäure oder süße Zusätze. Tue ihm den Gefallen. Mehr Flüssigkeit brauchst du, wenn du Sport treibst, bei Hitze, in überheizten Räumen, wenn du sehr salzig oder fettreich isst und wenn du viel Brot verzehrst.

Wasser
•... macht lebendig: Für alle Zellen, alle Organe und den gesamten Kreislauf benötigen wir diese flüssige Lebensbasis.

•... macht schön: Das beste Mittel für glatte Haut und straffes Bindegewebe steckt in der Mineralwasserflasche.

•... macht schlau: Wer nicht trinkt, kann sich schlechter konzentrieren und ist weniger leistungsfähig. Das ist wissenschaftlich erwiesen!

•... macht schlank: Vor jeder Mahlzeit ein halber Liter Wasser steigert den Energieverbrauch um je 25 Kalorien. Außerdem bist du schneller satt. Oder iss vor dem Hauptgang kalorienarme Suppen.

•... schützt vor Kopfschmerz: Oft ist Dehydration ein Mitauslöser für Migräne und Spannungskopfschmerz.

Ernährung ist Teil der Regeneration und sie ist ebenso wichtig für deine Leistung in Sport und Alltag.

Warum ist gesunde und ausgewogene Ernährung wichtig?

- Viele der Zivilisationskrankheiten sind auf mangelhafte Ernährung zurückzuführen

- Ernährung hat Einfluss auf dein Hautbild.

- Die Leistung deines Gehirns kann durch Ernährung verbessert oder verschlechtert werden

- Sie ist essenziell für optimierte Sportleistung und gute Regeneration

- Deine Ernährung hat auch Einfluss auf deine Psyche, zum Beispiel auf dein Stresslevel oder deine Konzentration

- Du kontrollierst dein Körpergewicht besser.

- Gutes Essen hat großen Einfluss auf dein Immunsystem, das heißt wie anfällig du für Krankheiten oder Verletzungen bist.

- Gesunde Ernährung koordiniert dein Energielevel, deine Leistung in Alltag und Sport.

Das Thema Ernährung scheint auf den ersten Überblick unglaublich komplex und natürlich ist es wichtig sich zu informieren. Einer der wichtigsten Faktoren bei guter Ernährung, ist besonders zu Beginn Disziplin, und dies ist auch der Faktor, an dem viele scheitern.
Nochmals zur Erinnerung: Die ersten drei Wochen sind entscheidend, dann hast du dir eine neue Routine zugelegt, du kannst die guten Nahrungsmittel von den weniger guten trennen und du hast deinen Geschmackssinn neu konditioniert.

Die Lebensmittel, die in Massen genossen werden sollen und typische Fehler in der Ernährung:

Fett. Die Nahrung unserer Zeit enthält meistens zu viel Fett, insbesondere zu viel tierische Fette.

Zucker ist nicht nur für Übergewicht und Diabetes verantwortlich. etliche Zivilisationskrankheiten basieren auf überhöhtem Zuckerkonsum.
Das süße Gift wird sogar als süchtig machende Substanz bezeichnet *und*.
ruft *Heißhungerattacken hervor*
So entstehen diese Heißhungerattacken:
Der Körper holt sich Energie aus Eiweißen, Fetten und Kohlehydraten und diese Kohlehydrate sind in einfacher und komplexer Form zu finden.
Die *Einfachen Kohlehydrate* sind in Milchzucker, Industriezucker, zuckerhaltigen Süßigkeiten, Weißmehlprodukten und in Fertigprodukten enthalten. Das sind leere Kohlehydrate, weil Sie keine oder wenig Nährstoffe ausweisen, sich im Gegenzug dazu aber mit hohen Energiewerten zu Buche schlagen.

Die Moleküle der Einfachen Kohlehydrate gelangen sehr schnell ins Blut, Sobald zu viel Zucker im Blut ist, wird Insulin ausgeschüttet. Das Insulin hat die Aufgabe, dass Zucker abgebaut wird, nun wird der Zucker wieder abgebaut und im Körper entsteht Unterzucker.
Dieser führt zu den gefürchteten Heißhungerattacken auf Süßes oder Produkte aus Weißmehl.
Das ist aber noch nicht das Ende. Wenn wir im Anschluss an eine Heißhungerattacke die ersehnten Einfachen Kohlehydrate zugeführt haben, verhält sich unser Gehirn so, als wäre es belohnt worden. Belohnungen finden wir großartig, und so fühlen wir uns für kurze Zeit glücklich. Leider nur für kurze Zeit, dann muss, um den Kick nochmals zu bekommen alles immer und immer wieder wiederholt werden. Nicht viel anders wirken Drogen.

Zucker macht uns Menschen krank, das ist nichts neues. Die Liste der Symptome ist sehr lang und sagt aus, als dass der menschliche Körper für die hohe Menge an Einfachzucker ungeeignet ist und mit Krankheit protestiert.
Greif zu süßen Alternativen, die deinen Körper nicht belasten. Birkenzucker, Erithrit oder ein wenig Honig

Salz. im Durchschnitt konsumieren wir heutzutage deutlich zu viel Salz. Dies entsteht oft dadurch, dass wir es zu großzügig beim Würzen verwenden. Außerdem sind Fertigprodukte sehr stark gesalzen. Salz ist natürlich wichtig, vor allem wenn du viel Sport machst und dabei viel schwitzt. Aber der übermäßige Verzehr von Kochsalz kann zu Bluthochdruck führen und auch das Risiko auf Magenkrebs steigern.

Alkohol. Alkohol nimmt einen hohen Anteil an „nutzlosen" oder „leeren"

Kalorien in der Ernährung ein. Zudem schädigst du deinen Körper und verhinderst beim Sport die optimale Regeneration.Alkohol wirkt sich auf Aufmerksamkeit, Koordination, Wahrnehmung und Reaktionsvermögen aus. Er greift auch auf wichtige Abläufe im Körper ein, so zum Beispiel auf die Atmung und auf die Regelung der Körpertemperatur und nicht zuletzt verändert Alkohol Gefühlslage und Verhalten. Regelmäßiger Alkoholkonsum behindert die Proteinsynthese und damit den Muskelaufbau. Gegen ein gelegentliches Glas Rotwein ist jedoch nichts einzuwenden, denn dessen Inhaltsstoffe Tannin und Polyphenol sind Antioxidantien, die die Blutgefäße schützen.

Zigaretten
Rauchen schadet dem Herzen, selbst wenn es nur passiv rauchen ist. Auch wenn es noch so schwer fällt, für einen gesunden und fitten Körper ist ein Rauchstopp unumgänglich. Grundsätzlich aber gilt: Finger weg vom Tabak!

Verzichtet auf diese Lebensmittel in eurem Alltag, Ausnahmen sind natürlich erlaubt, aber passe gut auf, dass die Ausnahmen nicht nicht zur Regel werden.

Das gilt für diese oder ähnliche Genussmittel:
Chips, Bonbons, Schokolade, die meisten Kekse, Torten, Sahnejoghurt, Nutella, Cola Fanta und ähnliche Süßgetränke, Pommes, Majonäse, übermäßige Mengen Alkohol, Fast-Food, Süßigkeiten jeglicher Art.

Scheint es dir unmöglich dies alles wegzulassen? Ich erinnere dich nochmals an die 3 Wochen Regel, du wirst diese Sachen nicht mehr wollen, es wird dir zu süß oder zu salzig erscheinen. Du wirst Appetit auf Gesundes haben und es nicht mehr missen wollen.

<u>Ändere Deine Gewohnheiten.</u>
Frag dich, warum du täglich beim Fernsehen Chips knabbern möchtest.
- Hast du noch Hunger?
- Was kompensierst du damit?
- Welche Alternativen gleichen das auch aus?
- Kannst du dir vorstellen, mit einem bunten Gemüseteller und einer Dip das selbe zu erreichen?

Das kannst du auch anwenden, wenn du Schokolade isst, während du am Computer sitzt oder Gummibärchen beim Lesen.
Sobald dir klar ist, was du wirklich brauchst, (und glaub mir, es sind keine Chips, keine Schokolade und auch keine Gummibären!) ist es viel leichter bewusst und diszipliniert zu essen.

Vitamine nur supplementieren, wenn es der Arzt ausdrücklich empfiehlt. Vitamine nimmst du durch eine ausgewogene Ernährung in ausreichender

Menge zu dir.

Der gute Tipp

- Zwei Liter Wasser pro Tag sind empfohlen. Bei Hitze und hartem Training mehr. Am Morgen direkt nach dem Aufstehen eine Tasse Grünen Tee zusammen mit 0,5 Liter Wasser trinken, denn es ist sehr wichtig an Trainingstagen gut hydriert zu sein, also vor und nach dem Training ausreichend Wasser zu trinken. Grüner Tee kann auch die Muskelregeneration unterstützen.

- Bring Abwechslung in deine Ernährung um eine einseitige Ernährung zu verhindern. Das bedeutet vielseitig essen, decke Deinen Bedarf an Kohlehydraten, Fetten, Eiweiß, Vitaminen und Mineralstoffen so bunt und unterschiedlich wie möglich ab.

- Nimm Dir Zeit, hör auf deinen Körper und genieße deine Mahlzeiten.

- Lieber mehrere kleine Portionen über den Tag verteilt essen, als wenige große Mahlzeiten, dies unterstützt die Verdauung

- Genieße täglich Variationen von Obst und Gemüsen.
Die „Five a day" Regel, das heißt 5 verschiedene Portionen Obst und Gemüse jeden Tag erhält und verbessert deine Gesundheit.

- Achte auf ballaststoffreiche Kost.

- Iss Zucker, Salz, Fleisch und Fett in Maßen.

Ich weiß, dass es zunächst so scheint, als müsstest du auf tausend verschiedene Dinge achten. Keine Angst, du gewinnst recht schnell einen Überblick. Es ist nicht so kompliziert, dass ich dir unbedingt einen Ernährungsberater empfehlen würde. Es erfordert eine gewisse Disziplin, sich gesund zu ernähren und daran führt auch kein Weg vorbei, egal wie gut die Beratung oder das Wissen ist.

Eine Buchempfehlung: *„Sporternährung"* von Dr. Med. Peter Kanopka.
Sowie das Buch *„Optimale Sporternährung"* von Friedrich Wolfgang.

Wenn du stark übergewichtig bist, reduziere im ersten Schritt deinen Körperfettanteil und sieh dein primäres Ziel in der gesunden Gewichtsreduktion um dir in weiterer Folge Muskelaufbau als Ziel zu nehmen. Dein Körper kann mit einem hohen Körperfettanteil hormonell bedingt schlecht Muskulatur aufbauen.

Wenn du dünn bist, aber dennoch ein kleines Bäuchlein hast, welches du loswerden möchtest, baue zuerst Muskulatur auf. Die aufgebaute Muskulatur wird deinen Körper straffen und deine Proportionen athletischer wirken lassen. Falls du dann noch immer nicht mit deinem Körper zufrieden bist, kannst du dein Ziel ändern und dich auf den Muskelaufbau fokussieren.

Falls du schon länger trainierst und bereits eine gut ausgeprägte Muskulatur hast und jetzt noch dein Sixpack sichtbarer oder definierter machen möchtest, dann sollte dein Ziel das Abnehmen sein.

Damit du endlich fit wirst, ist es wichtig, dass du dich vor Beginn des Trainingsprogramms für ein bestimmtes Ziel entscheidest und dann dabei bleibst.
Um Muskulatur aufzubauen wirst du 3-12 Monate an diesem Ziel arbeiten, damit du sichtbare Erfolge erzielst.
Beim Abnehmen ist das etwas schwerer festzulegen, da es einen Unterschied macht, ob du 2 oder 20 Kilo abnehmen möchtest.

<u>Unsere Nahrung besteht aus 3 grundlegenden Nährstoffen.</u>

<u>Eiweiß bzw. Protein</u>

- Eiweiß macht satt und hat wenig Kalorien
- Eiweiß trägt zum Aufbau körpereigener Proteine bei.
- Es baut neue Zellen auf und repariert bestehende Zellen.
- Eiweiß ist Bestandteil jeder einzelnen Zelle des Körpers und die Basis aller biochemischen Aufgaben.
- Eiweiß dient zur Hormonbildung, als Transportstoff und ist wichtig für das Immunsystem.

Man spricht von „biologischer Wertigkeit", als Maßeinheit für die Qualität von Eiweiß. Die biologische Wertigkeit ist der Maßstab dafür, wie viel Protein der menschliche Körper aus 100g zugeführtem Protein aus Nahrungsmitteln bilden kann. Je höher der biologische Wert ist, umso besser kann der Körper das Eiweiß verwerten,. Das Ausgangsmaß, mit einer Wertigkeit von 100 bildet das Hühnerei, Es entspricht dem Aminosäuren-Muster des menschlichen Körpers am meisten.

Es ist eine laufende Versorgung von Proteinen über Nahrungsmittel nötig weil Eiweiß vom Körper kaum gespeichert werden.
Es wird empfohlen, dass ein Erwachsener pro Tag 0,8 g Eiweiß pro kg Körpergewicht zu sich nimmt. Für einen Mann mit 77kg wären das 61,6 g pro Tag. Der Eiweißanteil der zugeführten Nahrung soll im Idealfall bei 15-20% liegen. Sportler und Kinder sollen etwas mehr zu sich nehmen.

Eine stark einweißlastige Diät ist die „high Protein" Diät. Dabei werden wenig Kohlenhydrate und wenig Fette, aber viel Eiweiß gegessen. Dem Eiweiß wird ein hoher Fettverbrennungseffekt zugeschrieben, da der Körper für die Aufnahme von Eiweiß am meisten Energie benötigt (Thermogenese). Dieser erhöhte Energieverbrauch ist jedoch meiner Meinung nach zu vernachlässigen. Zudem ist der Konsum von hohen Mengen Eiweiß für unseren Körper sehr schädlich.

Kohlenhydrate

Kohlenhydrate sind grob gesagt Zucker und binden Wasser (Hydrate). Sie beeinflussen den Blutzuckerspiegel, welcher durch das Hormon Insulin reguliert wird. Kohlenhydrate werden in der Leber und der Skelettmuskulatur gespeichert. Zudem sind sie eine wichtige Energiequelle für das Gehirn, was der Grund dafür ist, dass viele Menschen bei einer kohlenhydratreduzierten Diät an Konzentrationsschwäche und Stimmungsschwankungen leiden.
Kohlehydrate sind in einfacher und komplexer Form bekannt.
Die *Einfachen Kohlehydrate* sind in Milchzucker, Industriezucker, Fertigprodukten, Süßigkeiten.und Weißmehlprodukten enthalten. Oft werden sie als „leere Kohlehydrate" bezeichnet, weil sie wenig oder keine Nährstoffe aber viel Energie aufweisen.

Die Guten Kohlenhydrate sind die *Komplexen Kohlehydrate, diese sind* in Hülsenfrüchten Vollkornprodukten Kartoffeln und Gemüse enthalten und liefern uns vollwertigen, gesunden Brennstoff, denn sie gelangen nur langsam ins Blut und liefern langanhaltende Energie.

Die Zuckermoleküle der Einfachen Kohlehydrate wiederum kommen schnell ins Blut und begünstigen Heißhungerattacken.

Fett
Du brauchst eine gewisse Menge an Fetten, dazu beachte, dass du die richtigen Fette zu dir nimmst. Ein Übermaß an Fett führt zu Übergewicht, das ist so.
Es wird unterschieden zwischen gesättigten und einfach oder mehrfach ungesättigten Fettsäuren.
<u>Gesättigte Fettsäuren</u> sind so gut wie möglich zu vermeiden. Diese sind hauptsächlich in tierischen Lebensmitteln wie Fleisch, Wurst, Käse oder Butter zu finden und enthalten Cholesterin.
Dieses wiederum fördert die Entstehung von Herz- und Kreislauferkrankungen. Es wird geraten, diese Art von Fetten tunlichst zu meiden. Achte auf versteckte Fette in Käse, Wurst oder Fertigprodukten.
Schau auf die Lebensmittel-Etiketten, du wirst erstaunt sein wieviel gesättigtes Fett du unbewusst zu dir genommen hast.Vermeide auch allzu fetten Käse, iss wenig Butter und Sahne

<u>Ungesättigte und mehrfach ungesättigte Fette</u> haben positiven Einfluss auf Blutzuckerwerte und Cholesterin. 60-80g Fett kann laut Ernährungswissenschaftlern bei kontrollierter Ernährung aus Fetten bestehen. Fette dienen auch dazu, dass Die Vitamine A, D,.E und K und einige körpereigene Hormone vom Körper aufgenommen werden können. Achte darauf gesunde Fette mit ungesättigten Fettsäuren in den Alltag zu integrieren, diese sind in Avocados, Olivenöl, Leinöl, Rapsöl, Sojaöl, Walnussöl, Nüssen und Samen enthalten.

Eine ausgewogene Ernährung, benötigt alle drei Makronutrienten, Eiweiß, Kohlenhydrate und Fett. Auch die Zufuhr von Mineralstoffen und Vitaminen ist für unsere Gesundheit wichtig.

Makronutrienten als Energiequelle.

1 Gramm Eiweiß hat 4 Kalorien
1 Gramm Kohlenhydrate haben ebenfalls 4 Kalorien
1 Gramm Fett hat 9 Kalorien
(Alkohol hat ebenfalls Kalorien und zwar hat 1 Gramm Alkohol 7 Kalorien)

Egal welche Diät du verfolgt hast, alle haben etwas gemeinsam, bestimmte Nährstoffe werden weggelassen und somit Kalorien eingespart. Die populärste Form einer Diät ist die „low carb" Diät. Dabei handelt es sich um eine Ernährungsform, bei der kaum bis keine Kohlenhydrate verzehrt werden. Man verspricht sich dadurch eine vermehrte Fettverbrennung, da die Kohlenhydrate als wichtige Energiequelle im Körper nicht vorhanden sind.

Bei der „low fat" Diät wird hingegen auf den Verzehr von Fett verzichtet. Da Fett die höchste Kalorienmenge pro Gramm aufweist, werden durch das Weglassen von Fett weniger Kalorien aufgenommen.

Die oben genannten Diäten versuchen über bestimmte Wirkmechanismen eine gesteigerte Fettverbrennung zu erzielen. Was aber alle in Wirklichkeit gemeinsam haben, ist, dass sie durch das gezielte Weglassen eines bestimmten Nahrungsmittels auf Kalorien verzichten.

Diäten

Diät muss das wirklich sein? Du hast bestimmt schon von tausenden verschiedenen Diäten gehört. Ich persönlich mag den Begriff Diät überhaupt nicht, denn eine Diät wird meistens mit etwas grauenhaftem und langweiligen verbunden. Die meisten Diäten sind schließlich auch grauenhaft und langweilig!

Nimm dir für dieses Kapitel Zeit.Ich werde versuchen dir alles so kurz und simpel wie es nur möglich ist zu erklären.

Wieso die meisten Diäten nicht funktionieren

Es gibt unheimlich viele Gründe dafür, wieso Diäten nicht funktionieren. Diäten schreiben strikt vor, welche Nahrungsmittel gegessen werden dürfen und welche nicht. Mit der Zeit bekommt macht sich unbändige Lust auf die Lebensmittel, die verboten sind bemerkbar. Das kann etwas Süßes, Fettiges oder Kohlehydratreiches sein. Was dann passiert, ist der Beginn eines Teufelskreises. Durch die strikten Vorgaben der Diät, wird auf etwas „Verbotenes" zurückgegriffen. Danach kommt ein Gefühl des Versagens, weil die Regeln der Diät nicht eingehalten werden konnten. Das Wissen, dass das „Verbotene" dick macht und man die Diätregeln somit gebrochen hat führt oft dazu, dass gleich mehr davon gegessen wird, als im Normalfall (was aber ein falsch gedacht ist, denn es macht einen Unterschied, ob ich einen Keks mit 150kcal oder eine ganze Packung Kekse mit 1500kcal esse). Hier tritt das „morgen fang ich aber richtig an"- Gesetz in Kraft. Es dauert dann in der Regel nicht lange, die Diät wird abgebrochen und jetzt wird all das gegessen, was versagt war.

Diäten verzichten auf bestimmte Nahrungsmittel. Das Weglassen von bestimmten Nahrungsmittel (meist sind das Kohlenhydrate oder Fette) dient zur Reduktion der zugeführten Kalorienmenge. Das Problem dabei ist, dass Menschen oft soviel von diesen Nährstoffen weglassen, dass die zugeführte Kalorienmenge zu niedrig ist, wodurch es zu einer Verlangsamung des Stoffwechsels kommt. Ein langsamer Stoffwechsel ist der Grund für den Jojo-Effekt, der bewirkt, dass die Lebensmittel noch stärker anschlagen.

Crash-Diäten, sind ebenfalls Ernährungsformen, welche die Kalorienzufuhr radikal zurückschrauben. Zwar verliert man anfangs viel Gewicht, da hier einerseits der Stoffwechsel noch sehr aktiv ist, andererseits verliert der Körper viel Wasser. Nach einiger Zeit stoppt aber der schnelle Gewichtsverlust, da es ebenfalls zu einer Verlangsamung des Stoffwechsels gekommen ist. Ein Jojo-Effekt ist wie man es sich denken kann mit sehr hoher Wahrscheinlichkeit vorprogrammiert.
Stundenlanges Ausdauertraining senkt unseren Ruhepuls und zudem verbraucht unser Körper mit der Zeit immer weniger Energie dabei (Stoffwechsel wird langsamer). Viele Menschen kombinieren stundenlanges Ausdauertraining mit einer sehr kalorienarmen Diät und wundern sich, wieso sie kein Körperfett verbrennen. Das ist ein sehr kritisches Beispiel für einen verlangsamten Stoffwechsel.

Wenn ich von einem verlangsamten Stoffwechsel sprechen, handelt es sich um etwas Ernstes. Der Körper funktioniert nicht mehr effizient, da überall

Energie eingespart wird. Der Grundumsatz eines gesunden Menschen, der beispielsweise bei 1700 Kalorien liegen würde, kann bei Personen mit einem verlangsamten Stoffwechsel sogar bei unter 1000 Kalorien am Tag liegen. Das Wiederherstellen eines normal funktionierenden Stoffwechsels kann viele Monate in Anspruch nehmen.

Um einem verlangsamten Stoffwechsel vorzubeugen, sollte die Kalorienmenge im Auge behalten werden und nicht zu niedrig gewählt sein. Mehr dazu erfährst du in den nächsten Kapiteln. Ernährung - die Basics

<u>Wie funktioniert Abnehmen?</u>

Abnehmen ist leichter, als viele Denken. Unser Körper braucht fürs Überleben Kalorien. Unser Grundumsatz sind jene Kalorien, die wir benötigen um unsere Organfunktionen aufrecht zu erhalten. Jede zusätzliche Aktivität (Gehen, Sport, Arbeiten, etc.) steigert den Kalorienverbrauch, welcher dann TDEE (Total Daily Energy Expenditure) oder tatsächlicher Kalorienverbrauch am Tag genannt wird.

Um abzunehmen bzw. um Körperfett zu verbrennen, muss man weniger Kalorien über die Nahrung aufnehmen, als der Körper verbraucht. Wenn du also einen Kalorienverbrauch (TDEE) von beispielsweise 2500 Kalorien am Tag hast, musst du weniger als 2500 Kalorien zu dir nehmen, damit du abnimmst.

Um effektiv abzunehmen, solltest du ein Kaloriendefizit von ca. 500 Kalorien am Tag erreichen. Dieses Kaloriendefizit wird es dir ermöglichen ungefähr 0,5kg Fett pro Woche zu verbrennen. Das sind dann 2kg pro Monat, was eine gesunde Form des Abnehmens ist. Wir empfehlen dir kein höheres Kaloriendefizit als 500 Kalorien, da dies negative Auswirkungen auf deinen Stoffwechsel haben könnte. Zudem solltest du nie weniger Kalorien konsumieren als dein Grundumsatz ausmacht, da auch dies negative Auswirkungen auf deinen Stoffwechsel und deine Gesundheit haben kann (Grund für den Jojo-Effekt). Wenn dein TDEE bei 2500 Kalorien am Tag liegen würde, müsstest du dementsprechend 2000 Kalorien essen, um effektiv und gesund 0,5kg pro Woche abzunehmen.

Zudem ist es egal wie häufig und wann du isst. Du kannst 2 oder 10 Mahlzeiten am Tag konsumieren. Genauso ist der Zeitpunkt der Mahlzeiten egal. Du kannst auch um 23 Uhr essen, solange du deine täglichen Kalorienvorgaben einhältst!

<u>Wie funktioniert Muskelaufbau?</u>

Muskelaufbau funktioniert nach dem umgekehrten Prinzip des Abnehmens.

Muskelaufbau bedeutet für den Körper nichts anderes als „Zunehmen". Für einen effektiven Muskelaufbau braucht dein Körper mehr Energie als er verbraucht. Um die zusätzlich hinzugefügte Energie hauptsächlich zum Muskelaufbau und nicht zur Fettspeicherung zur Verfügung zu stellen, empfehle ich ein tägliches Kalorienplus von maximal 250-300 Kalorien einzuhalten.

Wenn du also einen Kalorienverbrauch von 2500 Kalorien hast, solltest du 2750 - 2800 Kalorien am Tag konsumieren, um Muskulatur aufzubauen ohne zusätzliches Körperfett anzusetzen. Nicht zu vergessen ist, dass du durch das Training einen Reiz setzen musst, damit dein Körper Muskulatur aufbauen kann, da ein alleiniges Kalorienplus ohne entsprechenden Trainingsreiz zu reiner Fettspeicherung führt.

<u>Was darf ich essen?</u>

Die Gesundheit unseres Körpers ist das oberste Gebot, damit sollten wir uns einig sein. Aus diesem Grund empfehle ich dir auf gesunde Lebensmittel zurückzugreifen, da diese wichtige Mineralstoffe und Vitamine enthalten. Das positive an der Ernährungsweise, die ich in diesem Buch präsentiere, ist, dass du essen darfst was du willst, solange du die vorgegebenen Mengen der Makronutrienten bzw. die täglichen Kalorien einhältst.

Lass es mir dir anhand von Kohlenhydraten erklären. Kohlenhydrate sind nicht gleich Kohlenhydrate. Vollkornprodukte bestehen aus sogenannten komplexen Kohlenhydraten („gesunde Kohlenhydrate"). Komplexe Kohlenhydrate werden als gesund angesehen, da diese von unserem Körper länger verdaut werden und ihre Energie über einen längeren Zeitraum freigesetzt wird (unser Blutzuckerspiegel bleibt dabei konstanter). Würfelzucker hingegen besteht aus einfachen Kohlenhydraten, der Körper kann einfache Kohlenhydrate schnell aufnehmen, wodurch die gesamte Energie in kurzer Zeit zur Verfügung steht (schneller Anstieg und danach schneller Abfall des Blutzuckerspiegels). Das ist unter anderem der Grund dafür, wieso einfache Kohlenhydrate als ungesund und komplexe Kohlenhydrate als gesund angesehen werden. Mittlerweile konnte durch wissenschaftliche Studien bewiesen werden, dass die Insulinaktivität bei gesunden Menschen keinen Einfluss auf die Fettspeicherung hat.

Wenn man aber einfache und komplexe Kohlenhydrate als Energielieferanten betrachtet, so unterscheidet unser Körper nicht zwischen „gesunden" und „ungesunden" Kohlenhydraten (das Gleiche gilt für Eiweiß und Fett). 1 Gramm einfacher Kohlenhydrate haben 4 Kalorien und 1 Gramm komplexer Kohlenhydrate haben ebenfalls 4 Kalorien. 4 Kalorien = 4 Kalorien. Es ist also für das Erreichen unserer Kalorienmengen egal, ob die Energie aus gesunden oder ungesunder Nahrung zur Verfügung gestellt wird.

Ich empfehle trotzdem eine gesunde Ernährung, da es schließlich nicht nur um das Erreichen von Kalorienmengen geht, sondern in erster Linie um unsere Gesundheit. Was ich damit vermitteln möchte, ist, dass es keine „Dickmacher" oder „Schlankmacher" gibt. Wenn du also mal Lust auf etwas Süßes oder Leckeres hast, weißt du nun, dass du es essen darfst, denn es handelt sich bloß um Energie. Dein Körper denkt sich nicht „Oh, ein Snickers, ich werde jetzt dick", genauso wenig denkt sich dein Körper nicht „Oh, ein Apfel, ich nehme jetzt ab".

Zudem ist es dadurch einfacher sozialen Kontakt mit Freunden und Familie aufrecht zu halten, da du ohne schlechtem Gewissen auf ein Bier, eine Pizza oder ein Eis gehen kannst, schließlich weißt du nun, es handelt sich hierbei nur um Energie. Solange du deine Kalorienvorgaben einhältst ist das kein Problem.

Kalorienbedarf berechnen

Um deinen ungefähren Kalorienverbrauch zu erfahren, musst du einen Taschenrechner zur Hand nehmen. Keine Sorge, ich werde dir ganz genau erklären, wie du deine Kalorien ausrechnen kannst. Ich benutze dazu die „Mifflin - St Jeor"-Formel, welche momentan die genauste Berechnungsmethode des Grundumsatzes und des totalen täglichen Kalorienverbrauchs (TDEE) ist.

Da Frauen einen deutlich geringeren Grundumsatz haben als Männer, benötigt man zwei verschiedene Formeln. In den folgenden zwei Kapiteln wird der Kalorienbedarf zuerst für Frauen dann für Männer errechnet.

Kalorienbedarf für Frauen

Um die Formel besser zu verstehen möchte ich ein Probebeispiel vorrechnen.

Katharina ist 20 Jahre alt, 150cm groß und wiegt 61kg.

Grundumsatz = (10xGewicht) + (6.25xGröße) - (5xAlter) - 161

jetzt in die Formel einsetzen:
Grundumsatz = (10x61) + (6.25x150) - (5x20) - 161)
Grundumsatz = 610 + 937,5 - 100 - 161
Grundumsatz = 1286,5 Kalorien

Katharina benötigt 1286,5 Kalorien am Tag um ihre Organfunktionen aufrecht zu erhalten. Jede weitere Aktivität muss dem Grundumsatz hinzugerechnet werden.

Um die täglichen Kalorienbedarf (TDEE) bei 4 Trainingseinheiten pro Woche zu berechnen, müssen wir unseren Grundumsatz mit einem bestimmten Faktor (1,55) multiplizieren.

TDEE = Grundumsatz * 1,55
jetzt setzen wir wieder in die Formel ein:
TDEE = 1286,5 * 1,55
TDEE = 1995 Kalorien

Das bedeutet, dass Katharina jeden Tag, bei 4 Mal Sport in der Woche einen ungefähren Kalorienumsatz von 1995 Kalorien hat.
Wenn Katharinas Ziel nun das Abnehmen ist, dann empfehle ich ein Kaloriendefizit von 500 Kalorien.
Wenn Katharina Muskulatur aufbauen möchte (notwendig für einen straffen Körper), dann empfehle ich ein Kalorienplus von 250-300 Kalorien.

Abnehmen = 1495 Kalorien
Muskelaufbau = 2245 Kalorien

Kalorienbedarf für Männer

Um die Formel besser zu verstehen möchte ich ein Probebeispiel vorrechnen.

Simon ist 24 Jahre alt, 180cm groß und wiegt 82kg.

Grundumsatz = (10xGewicht) + (6.25xGröße) - (5xAlter) + 5

jetzt in die Formel einsetzen:
Grundumsatz = (10*82) + (6.25*180) - (5*24) + 5)
Grundumsatz = 820 + 1125 - 120 + 5
Grundumsatz = 1830 Kalorien

Simon benötigt 1830 Kalorien am Tag um seine Organfunktionen aufrecht zu erhalten. Jede weitere Aktivität muss dem Grundumsatz hinzugerechnet werden.

Um die täglichen Kalorienbedarf (TDEE) bei 4 Trainingseinheiten pro Woche zu berechnen, müssen wir unseren Grundumsatz mit einem

bestimmten Faktor (1,55) multiplizieren.

TDEE = Grundumsatz * 1,55
jetzt setzen wir wieder in die Formel ein:

TDEE =   1830   * 1,55
TDEE =   2836 Kalorien

Das bedeutet, dass Simon jeden Tag, bei 4 Mal Sport in der Woche einen ungefähren Kalorienumsatz von 2836 Kalorien hat.
Wenn Simons Ziel nun das Abnehmen ist, dann empfehlen wir eine Kaloriendefizit von 500 Kalorien.
Wenn Simon Muskulatur aufbauen möchte, dann empfehlen wir ein Kalorienplus von 250-300 Kalorien.

Abnehmen = 2336 Kalorien
Muskelaufbau = 3086 Kalorien

TDEE bei einem anderen Aktivitätslevel

Um den totalen täglichen Kalorienverbrauch bei einem anderen Aktivitätslevel, als bei 4x Training pro Woche zu berechnen, habe ich unten eine Tabelle mit allen Faktoren für dich aufgelistet. Du musst wie im Kapitel zuvor deinen Grundumsatz mit dem entsprechenden Faktor multiplizieren, damit du auf dein TDEE kommst.

Aktivitätslevel
Berechnungsfaktor
TDEE bei Grundumsatz von 1500 Kalorien

wenig bis keine Aktivität
1,2
1500   *   1,2   =   1800kcal
leichte Aktivität; Sport 1-3 pro Woche
1,375
1500   *   1,375   =   2062kcal
moderate Aktivität; 4-5 Sport pro Woche
1,55
1500   *   1,55   =   2325kcal
viel Aktivität; intensiver Sport 6-7 pro Woche
1,725
1500   *   1,725   =   2625kcal
sehr viel Aktivität; intensiver Sport und körperlich anstrengender Beruf
1,9
1500   *   1,9   =   2850kcal

Einteilung der Makronutrienten

Wie ich schon zuvor geschrieben haben, möchte ich dir nicht vorgeben WAS du essen sollst, sondern wie du essen sollst. Zur Auffrischung will ich nochmals erwähnen, dass Eiweiß und Kohlenhydrate pro Gramm je 4 Kalorien haben und Fett pro Gramm 9 Kalorien hat.

Jetzt stelle ich dir die ungefähre Mengen der Makronutrienten dar, die du täglich konsumieren solltest.

Eiweiß: 1.5 bis 2 Gramm pro Kilogramm Körpermasse
Fett: 0,8 bis 1 Gramm pro Kilogramm Körpermasse
Kohlenhydrate: Menge der verbleibenden Kalorien

Damit du dir genau vorstellen kannst, wie das berechnet wird, habe ich wieder ein Beispiel für dich vorbereitet.

Simon ist 24 Jahre alt, 180cm groß und wiegt 82kg.
Er hat einen TDEE von 2836 Kalorien bei 4x Sport pro Woche.
Er möchte abnehmen und hat sich für ein Kaloriendefizit von 500 Kalorien entschieden.
Das bedeutet, dass Simon 2336 Kalorien pro Tag essen soll. Die Kalorieneinteilung schaut folgend aus:

Eiweiß:
2g pro Kg Körpermasse; 82kg x 2g = 164g Eiweiß
164g Eiweiß x 4Kalorien = 656 Kalorien aus Eiweiß
Fett:
1g pro Kg Körpermasse; 82kg x 1g = 82g Fett
82g Fett x 9Kalorien = 738 Kalorien aus Fett
Kohlenhydrate: sind der Rest der Kalorien
656+738 = 1394 Kalorien
2336kcal-1394kcal = 942 Kalorien verbleiben für Kohlenhydrate
942Kalorien / 4 Kalorien = 235,5g Kohlenhydrate

Simon muss also 2336 Kalorien pro Tag essen

damit er 0,5kg pro Woche abnimmt. Dabei sollte seine Nahrung aus ungefähr
164g   Eiweiß,
82g   Fett und
235,5g   Kohlenhydraten bestehen.

Die Quelle dieser Makronutrienten ist für das Erreichen des Ziels egal, jedoch empfehlen wir gesunde Nahrungsmittel, da diese hochwertigere Nährstoffe im Vergleich zu verarbeiteten Nahrungsmitteln enthalten.

In der unteren Tabelle ist ein Beispiel aufgelistet. Beide Mahlzeiten haben identische Makronutrienten Mengen. Das bedeutet für die zugeführte

Kalorienmenge, dass es egal ist, ob man die gesunde oder die ungesunde Variante isst.

„gesund"
Brauner Reis mit Lachs
20g Eiweiß
35g Kohlenhydrate
10g Fett

„ungesund"
Pizza
20g Eiweiß
35g Kohlenhydrate
10g Fett

Makronutrienten müssen nicht haargenau eingehalten werden, es handelt sich hierbei nur um einen Richtwert. Rein theoretisch würde man sein Ziel auch dann erreichen, wenn die Kalorienmenge eingehalten wird, jedoch die Aufteilung der Makronutrienten komplett anders ist. Man könnte beispielsweise nur Kohlenhydrate essen und dabei auf Fett und Eiweiß verzichten und sein Ziel unter Einhaltung der Kalorienmenge erreichen. Das Problem hierbei ist jedoch, dass unser Körper alle 3 Makronutrienten braucht, um effektiv und gesund zu funktionieren. Die von mir vorgeschlagene Einteilung der Makronutrienten ist auf sportliche Belastung angepasst. Für Menschen, die keinen Sport ausüben, ist die Makronutrienten Einteilung eine andere, da der Körper eine andere Zusammensetzung von Nährstoffen benötigt.

Bei Kraftsportlern hat sich eine Eiweißzufuhr von 1,5 - 2 Gramm pro kg Körpermasse als effektiv erwiesen.
Eine Zufuhr unter 1,5 Gramm hat sich als unzureichend und eine Zufuhr ab 2,4 Gramm als überschüssig und ungesund herausgestellt.
Menschen, die keinen Sport ausüben, benötigen weniger Eiweiß. Man spricht hier von Richtwerten um 0,9 Gramm pro kg Körpermasse.

Wie kann ich meine Makronutrienten bzw. Kalorien im Auge behalten?

Viele werden nun sagen, es ist viel zu kompliziert diese Mengen im Auge zu behalten. Naja, eigentlich ist es ganz einfach. Zwar muss man anfangs viel von der Nahrung abwiegen, jedoch bekommt man das schnell in Griff und kann durch „Eyeballing" die Mengen per Augenmaß gut abschätzen. Unterstützt wird das Ganze durch das Programm „MyFitnessPal.com", welches auch als App auf Smartphones verfügbar ist. Dieses Programm ist kostenlos und beinhaltet fast alle Lebensmittel und Produkte die es am Markt zu kaufen gibt. Man gibt nur die Menge eines bestimmten

Produktes/Lebensmittels ein und das Programm zählt automatisch die Kalorien und die Makronutrienten zusammen.

Es braucht bestimmt 1-2 Wochen, aber spätestens dann hat man ein Gefühl dafür entwickelt, wie viel von welchen Lebensmitteln man essen muss, um auf die gewollte Makronutrienten Zahl zu kommen.

Falls du der Meinung bist, dass du lieber eine Diät machen möchtest, bei der strikt vorgegeben wird, welche Lebensmittel du konsumieren sollst und welche nicht, dann fühle dich so frei und folge dieser Diät. Was ich dir aber versprechen kann, ist, dass du durch das zählen von Makronutrienten und einer genauen Kalorienvorgabe (die deutlich höher ist als bei den meisten Diäten) und des hohen Anteils von Kohlenhydraten, nicht das Gefühl hast eine Diät zu machen. Du kannst schließlich täglich Pizza, Süßes, oder was auch immer essen, du musst es nur in deine Makronutrienten miteinbeziehen.

<u>Refeed-Day - Kohlenhydrate der Schlüssel zum Erfolg</u>

Refeed-Day, Cheat-Day oder Aufladetag, wie man es nennen möchte, es geht meistens um das Gleiche. An einem Tag in der Woche wird mehr gegessen, um den Stoffwechsel anzukurbeln. Zudem darf man meistens essen, was man möchte, je nach Diät.

Bei der von mir vorgestellten Ernährungsform ist so ein Cheat-Day nicht wirklich notwendig, da du ja täglich essen darfst was du willst. Bei endlich fit heißt das Ganze Refeed-Day bzw. Aufladetag. Dabei spielen Kohlenhydrate eine sehr wichtige Rolle.

Wenn du eine längere Zeit in einem Kaloriendefizit bist, wird dein Stoffwechsel langsamer, wodurch dein Körper weniger Energie verbrennt. Leptin ist ein Hormon, welches für den Fettstoffwechsel verantwortlich ist. Wenn du länger auf einer Diät bist sinkt der Leptingehalt im Blut und du verbrennst weniger Fett (Stoffwechsel wird langsamer).
Hier kommt der Refeed-Day bzw. die Kohlenhydrate ins Spiel. Kohlenhydrate sind grob gesagt Zucker, und wenn wir Zucker essen steigt unser Blutzuckerspiegel an. Unser Blutzuckerspiegel wird über das Hormon Insulin reguliert. Eine weiter Funktion des Insulins ist es die Leptin-Produktion zu beeinflussen.

Ein Refeed-Day ist ein Tag, an dem sehr viele Kohlenhydrate konsumiert werden. Die Einnahme der Kohlenhydrate wird um 100% oder mehr gesteigert. An einem Refeed-Day befindet man sich nicht im Kaloriendefizit sondern man konsumiert das TDEE oder etwas mehr.
Die Eiweißzufuhr wird gering gehalten und die Fettzufuhr wenn möglich komplett weggelassen. Die hohe Zufuhr der Kohlenhydrate bewirkt eine

große Insulinaktivität, wodurch die Leptinproduktion wieder ins Laufen kommt und der Stoffwechsel angekurbelt wird. Zudem füllst du deine Kohlenhydratspeicher wieder auf, wodurch du für dein Training mehr Energie haben wirst.

Simon sollte also an einem Refeed-Day 471g Kohlenhydrate konsumieren. Er darf an diesem
Tag 2836 - 3136 Kalorien konsumieren, dabei die Fettzufuhr stark reduzieren.

Refeed Day - so machst du es richtig!

Auf einige Dinge musst du während deines Refeed-Days achten, damit du das Beste rausholst.

Ein Refeed-Day muss an einem Trainingstag stattfinden. Durch die zusätzlichen Kalorien hast du einerseits einen muskelaufbauenden Effekt, andererseits können die vielen Kohlenhydrate besser in der Muskulatur abgespeichert werden.

Dieser Tag sollte bei übergewichtigen Personen einmal alle 2-3 Wochen durchgeführt werden. Bei Personen die schlanker sind 1 mal pro Woche. Personen die bereits sehr definiert sind, jedoch noch 1-2% Körperfett reduzieren wollen, kann es sogar notwendig sein alle 4-5 Tage einen Refeed-Day einzulegen. Der Grund dafür ist, dass Menschen mit mehr Körperfett einen hohen Leptinanteil und Menschen mit wenig Körperfett einen geringen Leptinanteil haben.

Die Kohlenhydrate können aus jeder Quelle sein (Vollkorn, helles Gebäck, Nudeln, Reis, Kartoffel, Haferflocken, Gummibärchen, etc.). Nur auf Obst sollte als Kohlenhydrat-Quelle an diesem Tag verzichtet werden, da Fructose (Fruchtzucker) nicht den gewünschten Effekt bei der Insulinausschüttung hervorruft.

Die Kalorien entsprechen an diesem Tag dem TDEE oder sind 250-300kcal höher. Die Kalorien sollten vorwiegend aus Kohlenhydraten stammen, Eiweiß ist in moderaten Mengen erlaubt und auf Fett soll man wenn möglich komplett verzichten. Fett ist an diesem Tag schlecht, da Fett eine verlangsamende Wirkung auf die Insulinaktivität hat, wodurch die Leptinproduktion nicht effektiv genug angekurbelt werden kann.
Training und Ernährung

Ich habe in einem Kapitel zuvor geschrieben, dass es egal ist wann und wie häufig du isst. Das stimmt, um aber effektiv und effizient trainieren zu können habe ich zwei kleine Regeln für dich.

Wenn es möglich ist, esse 1 Stunde vor dem Training Kohlenhydrate, um genügend Energie fürs Trainieren zu haben. Es sollte jedoch keine sehr große Mahlzeit sein, denn mit vollen Magen trainiert es sich nicht gut. Obst kann auch vollkommen ausreichend sein. Falls du in der Früh trainierst, kann es sein, dass du auf leeren Magen besser trainieren kannst, das musst du jedoch selbst entscheiden.

Nach dem Training ist eine kohlenhydratreiche und eiweißhaltige Mahlzeit wichtig. Du kannst hier einen Shake trinken (Proteinpulver + Dextrose) oder etwas essen. JA, wie schon erwähnt, wenn du Abends trainierst, solltest du, auch wenn es schon 23 Uhr oder später ist, nach dem Training Kohlenhydrate und Eiweiß essen (im Kalorienbedarf einberechnet!).

<u>Zusammenfassung der Ernährungstipps</u>

- Bestimme dein Trainingsziel - Abnehmen oder Muskelaufbau
- Rechne dir deinen Grundumsatz und dein TDEE aus
- Je nach Ziel ziehe 500kcal vom TDEE ab oder rechne 250-300kcal dazu.
- WICHTIG! Konsumiere niemals weniger Kalorien als dein Grundumsatz ausmacht.
- Bestimme deine Makronutrienten-Einteilung
- Notiere deine Makronutrienten mit MyFitnessPal oder einem ähnlichen Programm
- Wenn dein Ziel eine Gewichtsabnahme ist, dann mache einen Refeed-Day alle 1-3 Wochen an einem Trainingstag, je nach deiner aktuellen Kondition.
- Esse Kohlenhydrate vor dem Training. Nach dem Training ist eine kohlenhydratreiche und eiweißhaltige Mahlzeit wichtig.
- Vergiss nicht, du darfst essen was du willst, es gibt keine „Dickmacher" und keine „Schlankmacher"! Du solltest aber zum größten Teil auf gesunde Nahrung zurückgreifen, da diese wichtige Mineralien und Vitamine enthält.
- Es ist egal wann du isst und wie häufig du isst! Du kannst 2 oder 10 Mahlzeiten am Tag konsumieren, solange du deine Makronutrienten-Anzahl bzw. Kalorien einhältst ist das ohne Bedeutung. Du kannst auch spät am Abend essen, das macht auch keinen Unterschied auf die erzielten Erfolge!
- Berechne alle 4-6 Wochen dein TDEE neu, da sich dein Gewicht ändert.
- Wenn du dein Ziel erreicht hast, berechne und konsumiere dein neues TDEE.
-

Das stärkt den Körper

Sport soll dir Freude bereiten. Das geht nur, wenn die Kohlenhydratspeicher gefüllt sind und der Körper mit wichtigen Vitalstoffen versorgt ist. Ansonsten besteht die Gefahr, dass du während des Sports ein Schwächegefühl verspürst, dir schwindlig wird oder dass du im Extremfall ohnmächtig wirst. – man nennt dies „Hungerast". In welcher Form solltest du Energie aufnehmen, damit du gleichzeitig dein Gewicht regulieren und dem Körper alle nötigen Vitalstoffe zur Verfügung stellen kannst?

Der gute Tipp

Der Abstand zwischen einer größeren Mahlzeit und sportlicher Aktivität sollte mindestens 2 Std. betragen. 45–60 Min. vor dem Training kannst du den Körper mit einem Sportriegel oder einer Fruchtschnitte, einer Banane oder einem trockenen hellen Brötchen mit Kohlenhydraten versorgen.

Die wichtigsten drei Regeln für eine gesunde Ernährung lauten nach der Weltgesundheitsorganisation (WHO) wie folgt.

- Mehr pflanzliche Nahrungsmittel zu sich nehmen: Essen Sie mehr Obst, Gemüse und Hülsenfrüchte, beispielsweise Bohnen, Erbsen und Linsen, genauso wie Nüsse und vollwertiges Getreide.
- „Weiße Nahrungsmittel" vom Speiseplan streichen: Reduzieren Sie Ihren Zucker- und Salzkonsum. Wählen Sie Vollkornprodukte (Vollkornmehl, -nudeln, -reis) statt der weißen Variante.
- Vorsicht Fette! Schränken Sie Ihren Fettkonsum ein. Wenn Sie Fette essen, wählen Sie ungesättigte Fettsäuren (wie Rapsöl, Olivenöl). Verzehren Sie nur wenig gesättigte Fettsäuren (z. B. in Butter und Fleisch) und meiden Sie Transfettsäuren (z. B. in Pommes frites und Chips).
- Der gute Tipp Damit Sie sich beim Sport richtig fit fühlen, sollten Sie vorher schon Saftschorle oder Wasser trinken. Denn wenn Sie Durst bekommen, leidet Ihr Körper schon an Flüssigkeitsmangel und Sie können nicht Ihre volle Leistung abrufen.

Noch sechs Top-Tipps für die Ernährung:

Folgende Tipps helfen dir, deinem Körper die richtige Energie zuzuführen, das für Sie passende Gewicht zu erlangen und sich fit zu fühlen.

1. Lerne auf den „weißen" Zucker zu verzichten und suche nach leckeren Alternativen. Natürlicher Zucker in Früchten hat zwar auch viel Energie, das Obst enthält aber zugleich lebenswichtige Vitalstoffe. Der raffinierte weiße Zucker in Kuchen, Keksen, Süßigkeiten, Schokolade oder Eis.

2. Softdrinks und Gebäck hat viele Kalorien aber kaum einen Nährwert. Wer selbst bäckt, kontrolliert die Zuckermenge.

3. Iss die „richtigen" Fette! Zwar sollten Fette den geringsten Teil deiner Ernährung ausmachen, doch manche Fette sind für den Körper überlebenswichtig. Gesunde einfach gesättigte Fettsäuren findest du. in Olivenöl, Avocados und Walnüssen. Von den mehrfach ungesättigten Fettsäuren brauchen Sie beispielsweise die Omega-3- und die Omega-6-Fettsäuren. Sie kommen z. B. in Makrelen, Lachs und Sardinen vor.

4. Obst und Gemüse sind der Hit! Mit Vitaminen, Ballast- und sonstigen Vitalstoffen liefern Obst und Gemüse schon ziemlich viel von dem, was Ihr Körper braucht, um gegen Krankheiten anzukämpfen und fit zu bleiben. Die Deutsche Gesellschaft für Ernährung empfiehlt, täglich mindestens fünf Portionen Obst und Gemüse zu sich zu nehmen und damit ein Drittel Ihrer Kalorienzufuhr zu decken.

5. Kohlenhydrate sollten auch ein Drittel der täglichen Kalorienaufnahme ausmachen. Kartoffeln, Reis und Brot sind die wichtigsten Energielieferanten. Im Zweifel immer die Vollkornvariante wählen!

6. Eiweißreiche Lebensmittel liefern das das letzte Drittel der täglichen Nährstoffe: z. B.Fleisch, Fisch, Geflügel, Eier, Bohnen und Linsen. Eiweiß ist besonders wichtig, wenn wir älter werden: Ältere Menschen benötigen 25 % mehr Eiweiß pro Kilogramm Körpergewicht als jüngere.

Milchprodukte stärken die Knochen: Milch, Käse, Quark und Joghurt liefern dem Körper Kalzium und Vitamin D und sorgen dafür, dass weiterhin Knochensubstanz aufgebaut wird.

Meine gesunde Woche

Damit du deine neuen Pläne auch in die Tat umsetzt, schreib dir kleine Ziele für die nächsten Wochen auf. Beginne mit zwei Zielen und formuliere nach zwei Wochen neue Ziele, vielleicht nach folgendem Muster.

- *1 Ich esse künftig hauptsächlich ……… statt ………*

Und weil du schon dabei bist, kannst du auch Ziele abseits der Ernährung erarbeiten

- *2 Ich besorge mir bis ……… neue ……… und ………*

- *3 Ich suche mir bis ……… eine neue Sportart.*

•4 Ich kaufe ……… statt ………

•5 Ich melde mich bis ……… zu ……… an.

So funktioniert gesunder und dauerhafter Fettabbau

Wenn du schon seit längerer Zeit versuchst, abzunehmen und schon
viele Diäten ausprobiert hast, fehlt es dir vielleicht an dem nötigen
Grundlagenwissen. Das mag seltsam klingen, aber die Diäten
und Fitnesstipps, die du in Zeitschriften und im Internet findest, bringen
dir nur wenig, wenn du nicht weißt, warum dein Körper zu oder
abnimmt. Du musst die Basics verstehen, um wirklich dauerhaft und
gesund abnehmen zu können.

Ernährung für Fettabbau und Gesundheit:

Gute Ernährung ist zum Fettabbau unverzichtbar. Was dabei eine
gute Ernährung ausmacht, darüber streiten sich die Geister.
Doch zuerst noch einmal ein paar kurze Ausführungen zu den Grundlagen
der Ernährung. Auch hier beschränken wir uns wieder auf das
Nötigste.

<u>Ernährungsgrundlagen I</u>

Unsere Ernährung besteht grob gesagt aus folgenden Baustoffen:
Kohlenhydrate
Fette
Proteine (Eiweiß)
Vitamine
Mineralstoffe.

Ein Gramm Kohlenhydrate hat 4 kcal, genauso wie ein Gramm Protein.
Ein Gramm Fett schlägt mit 9 kcal zu Buche, ein Gramm Alkohol mit 7 kcal.
Wasser ist das einzige Lebensmittel ohne Kalorien

Ein Kilogramm Körperfett entspricht 7.000 kcal.
Somit musst du 7000 kcal einsparen um 1kg Körpergewicht zu verlieren.
Du hast mit Sicherheit schon Werbung für diverse Diäten gesehen
und wahrscheinlich schon eine oder mehrere Diäten selbst
ausprobiert. Die eine Diät versucht, das Fett vollkommen aus der
Ernährung zu verbannen, die andere hetzt gegen Kohlenhydrate. Eine
Dritte erlaubt nur Kohlsuppe und eine weitere setzt auf Rohkost. Es
gibt der Varianten viele. Sie funktionieren vielleicht im Moment, aber selten
auf Dauer.

Die Probleme von Diäten

Herkömmliche Diäten haben ein paar „Haken"
- Sie sind oft zu einseitig, so dass wichtige Baustoffe fehlen, was zu Mangelerscheinungen führen kann. So wird zum Beispiel der Fettabbau unmöglich, wenn dem Körper Calcium fehlt.
- Sind sie einseitig oder zu radikal, hält man sie nicht lange durch. Ausdauer ist aber gerade im Bereich der Ernährung der Schlüssel zum Erfolg.
- Manche Diäten versprechen mit radikalem Gewichtsverlust innerhalb weniger Tage. Dabei handelt es sich aber AUSSCHLIESSLICH IMMER um Wasser, das der Körper ausspült. Kohlenhydrate zum Beispiel haben die Fähigkeit, Wasser zu speichern. Eliminierst du die Kohlenhydrate aus der Ernährung, verliert der Körper auch das gespeicherte Wasser, was zwar ab und zu als Entschlackungsmaßnahme ganz gesund ist, mit Gewichts- oder gar Fettverlust nichts zu tun hat.
- Viele Diäten setzen auf radikale Beschränkung der Kalorienzufuhr. Die Gefahr dabei: Der Körper gewöhnt sich an die geringere Nahrungszufuhr und fährt seine Aktivität entsprechend herunter. Dadurch verbraucht er weniger Kalorien.
Beenden Sie jetzt die Diät und essen wieder mehr, bekommt der Körper mehr Kalorien, als er braucht. Die Folge: die überschüssigen Kalorien werden als Fett gespeichert. Je öfter Sie Diäten machen, desto größer fällt dieser so genannte « Jojo-Effekt » aus.
- Die meisten Diäten beinhalten zu wenig Eiweiß. Wenn Sie dann während der Diät auch nicht Ihre Muskeln trainieren, verlieren Sie Muskelmasse (und sabotieren Ihre Bemühungen, Bauchmuskeln aufzubauen).
Wie bereits erwähnt verbrauchen Muskeln Kalorien, auch wenn du dich in Ruhe befindest. Hast du weniger Muskeln, verbraucht dein Körper weniger Kalorien, so einfach ist das. Das heißt, auch wenn du gleich viel oder wenig isst, du nimmst trotzdem zu. Das ist im Umkehrschluss aber ein klares Plädoyer für ein diätbegleitendes Krafttraining, um Muskeln aufzubauen.

Du siehst also, mit einer Diät im herkömmlichen Sinne kommst du nicht weiter. Vielleicht verlierst du kurzfristig ein paar Kilo, aber schau dich einmal um:

- Wie viele der Frauen, die regelmäßig die "5 Pfund in 5 Tagen" - Zeitschriften kaufen, sind wirklich schlank?
- Warum wird die Bevölkerung trotzdem immer mehr "light"-Produkte konsumiert werden und Diättrends folgen immer dicker?

Willst du wirklich Fett verlieren, um deinen Waschbrettbauch zum Vorschein kommen zu lassen, geht es darum, die Ernährung dauerhaft umzustellen. Du musst "Diät" als "Ernährungsform" verstehen und nicht als kurzfristige Abspeckform.

Es gibt 2 vorherrschende Typen von Ernährungsformen zur Fettreduktion.

<u>Die Low Fat – Ernährung</u>
Eine allseits bekannte Low Fat-Diät in ihren verschiedenen Ausprägungen zählt schon seit Jahrzehnten als DER Klassiker unter den Fettabbau-Ernährungen. Fett wurde oft gemieden wie vom Teufel das Weihwasser. Fett wurde mit allem Bösen in Verbindung gebracht und verdammt. Das führte so weit, dass mittlerweile sogar Gummibärchen als gesund angepriesen werden, weil sie kein Fett enthalten (dass sie aber voller Zucker stecken, scheint niemanden zu interessieren). Man muss jedoch zwischen Fett und Fett unterscheiden. In der Tat gibt
es Fettsorten, die dem Körper schaden. Aber es gibt ebenso Fette, ohne die der Körper nicht auskommen kann, die also unbedingt mit der Nahrung zugeführt werden müssen.
Ein Beispiel für gesundheitsschädliche Fette sind die so genannten Transfettsäuren. Sie entstehen beim Härten von Fett und sind zum Beispiel in Schokoladencreme, Kartoffelchips, vielen Süßigkeiten, Pommes usw. enthalten. Diese gilt es so gut wie möglich zu vermeiden, da sie als krebserregend gelten und auch sonst nicht sehr gesund sind.
Gesättigte Fettsäuren wie sie in Fleisch, Eiern oder Milch vorkommen, gelten oft als böse. Fakt ist aber, dass der Körper gewisse Mengen davon braucht, um richtig zu funktionieren. Halten Sie die Mengen aber in Grenzen.
Ganz wichtig sind bestimmte ungesättigte Fettsäuren. Oft wird Sonnenblumenöl als besonders gesund angepriesen. Es enthält Omega-6-Fettsäuren. Leider ist in unserer Nahrung zu viel davon enthalten, so dass wir auch Sonnenblumenöl meiden sollten.
Wichtig für die Ernährung sind Öle wie Leinöl, Rapsöl oder Olivenöl sowie das Fett fettreicher Seefische wie zum Beispiel Lachs. Diese Fette tragen sogar zum Fettabbau bei. Es wäre also dumm, solche Fette aus der Nahrung zu verbannen, im Gegenteil, man sollte sie bewusst supplementieren.

Kleine Fettkunde

Wenn es dich interessiert, bekommst du hier ein paar Hintergründe zum Thema Fett. Wie schon erwähnt, sind ungesättigte Fettsäuren wichtig für die Ernährung. Diese Gruppe der Fettsäuren enthält 3 Typen von Omega-Säuren:

Omega 3, Omega 6 und Omega 9.

Das Problem liegt darin, dass unsere Körperzellen die gleichen Rezeptoren für Omega-3 und 6 – Fette benutzt. Ursprünglich war das Verhältnis zwischen Omega-3 und 6 ausgeglichen beziehungsweise zu Gunsten von Omega 3 verschoben. Im Zuge der Industrialisierung hat sich das Verhältnis aber geändert. Omega 6-Säuren sind in unserer Nahrung übermäßig vertreten, so dass unser Körper zu wenig Omega 3-Fettsäuren bekommt. Meide also Omega-6-Fettsäuren, besonders aus Sonnenblumenöl, und führe bewusst Omega-3-Säuren zu, zum Beispiel durch Lachsöl (-kapseln), fetten Fisch und Leinöl. Damit tust du nicht nur deiner Gesundheit einen Gefallen, sondern unterstützt auch den Fettabbau. Achte aber darauf, diese Öle nicht zu erhitzen, da sie sonst zerstört werden.

Die dritte Gruppe der Omega-Fette sind die Omega-9-Fette, wie sie in Olivenöl enthalten sind. Der Körper hat eigene Rezeptoren für diese Fette, so dass sie nicht mit den anderen Omega-Fetten konkurrieren. Die Omega-9-Fette verfügen auch über eine Reihe gesundheitsfördernder Wirkungen. Füge deiner Nahrung deshalb öfter mal Olivenöl hinzu. Beachte, dass du Natives Olivenöl kaufst (aus kalter Erstpressung). Die Stiftung Warentest hat vor einiger Zeit einen Test zu Olivenölen abgeschnitten. Das Öl eines Discounters hat dabei als Zweitbestes abgeschnitten. Gut muss auch hier nicht unbedingt teuer sein (allerdings schnitten die ganz billigen Öle verhältnismäßig schlecht ab, spare also nicht am falschen Platz).

Eine andere wichtige Fettsäure ist Gamma-Linolensäure. Diese ist zum Beispiel in Nachtkerzenöl oder Borretschöl enthalten. Da es in der normalen Ernährung kaum vorkommt, empfiehlt es sich, es gezielt zu supplementieren.

All diese Öle (außer Olivenöl) sind nicht lange haltbar und werden schnell ranzig. Lagere sie deshalb in kleinen, dunklen und luftdichten Gefäßen und am Besten im Kühlschrank. Wenn du zum Beispiel Lachsöl in Literflaschen kaufst (ist vom Geschmack her zwar gewöhnungsbedürftig, aber um einiges billiger als die Kapseln), fülle den Liter in 4 kleine, leere Leinölflaschen oder andere, dunkelglasige Flaschen um. Lagere 3 davon im Gefrierschrank und diejenige, die du in Gebrauch hast, im Kühlschrank.

<u>Die High Fat – Diät (Aktins-Diät)</u>
Von Zeit zu Zeit taucht eine vollkommen andere Ernährungsform in den Medien auf und wird zu einem Riesen-Hype. Bei dieser Ernährungsform wird nicht das Fett verteufelt, sondern die Kohlenhydrate.

Wenn dem Körper Kohlenhydrate zugeführt werden, werden diese verstoffwechselt. Dabei steigt der Blutzuckerspiegel. Um den Spiegel wieder zu senken, schüttet der Körper Insulin aus. Insulin hat vereinfacht gesagt die Eigenschaft, Fett zu speichern. Ein Problem der kohlenhydratreichen, fettarmen Diäten ist also, dass ständig Kohlenhydrate in Form von Brot, Nudeln, Reis usw. zugeführt werden.
Der Blutzuckerspiegel ist also immer ziemlich hoch, der Körper schüttet ständig Insulin aus. Das führt zum einen zu verstärkten Fetteinlagerungen und zum anderen zur Gefahr der Diabetes.
Dies wollen die Anhänger der Atkins-Diät vermeiden, indem sie Kohlenhydrate weitestgehend aus der Ernährung streichen. Im Gegenzug dazu wird der Fettanteil der Ernährung radikal hochgeschraubt. So isst man sehr viel Fleisch, Eier, Wurst, Käse usw., kombiniert mit etwas kohlenhydratarmem Gemüse.
In der Regel wird dabei nicht zwischen den "guten" und "schlechten" Fetten unterschieden, so dass sich diese Diät negativ auf die Gesundheit auswirken kann.
So verlockend es außerdem klingt, jeden Tag Steak, Spiegelei und Bratwurst essen zu dürfen, man hat das ewige fette Essen schneller satt, als man denkt. Nach ein paar Tagen oder wenigen Wochen werden die Mahlzeiten dann immer mehr zur Qual, man kann das ganze Fett einfach nicht mehr sehen.
Das führt dazu, dass man auch diese Diät nicht lange durchhält. Und da sind wir wieder bei dem Problem aller Diäten, sie bewirken einfach keine dauerhafte Ernährungsumstellung.

Ernährungsgrundlagen II

Im ersten Teil der Ernährungsgrundlagen haben wir bereits die Grundbausteine der Ernährung angesprochen. Jetzt zeige ich dir ein paar Beispiele, in welchen Lebensmitteln diese Grundbausteine enthalten sind.
Protein: Milchprodukte (Milch, Joghurt, Quark, Käse, Molke, usw.), Fleisch, Eier, Tofu, Fisch, Geflügel, Samen
Kohlenhydrate: Getreideprodukte (Brot, Nudeln, usw.), Reis, Zucker, Obst, Gemüse, Hülsenfrüchte
Fette: Öle, Käse, Eier, Fleisch, Fisch, Nüsse, Samen

Die richtige Ernährung für den Fettabbau
Wie sieht denn jetzt die optimale Ernährung für Fettabbau und einen gesunden Körper aus? Auf jeden Fall nicht so wie die beiden Extrembeispiele der Diäten.
Dem Körper müssen von allen Baustoffen genau so viel zugeführt werden, wie er benötigt. Das Wichtigste ist, dass du keine Muskelmasse verlierst. Dann baut man ein kleines Defizit ein und erhöht den Kalorienverbrauch durch Bewegung und Sport und schon

schmilzt das Fett – und zwar dauerhaft. Das ist zwar nicht besonders spektakulär, aber dafür effektiv.

Schritt 1
Ermittle deine aktuelle Kalorienzufuhr
Der erste Schritt erfordert ein bisschen Arbeit.
Schreibe 5 Tage lang alles auf, was du isst. Iss ganz normal wie immer, so dass du weder zu noch abnimmst. Wiege deine
Portionen ab und schreibe auf, wovon du wie viel gegessen hast. Keine Angst, das musst du nicht immer so machen, aber in diesen 5 Tagen ist es notwendig.
Besorge dir sich dann eine Kalorientabelle. Diese gibt es entweder als Buch zu kaufen oder im Internet kostenlos.
Nun rechne genau aus, wieviele Kalorien du zu dir genommen hast.
Rechne für jede Portion den Kalorienwert aus und addiere alle Mahlzeiten der fünf Tage zu einem Wert zusammen.

Teile nun diesen Wert durch fünf. So erhältst du einen Durchschnittswert, der dir zeigt, wie viel du im Moment pro Tag im Durchschnitt isst. du weißt jetzt, wie viele Kalorien du zu dir nimmst, um dein Gewicht zu halten.
Angenommen du kommst auf einen Wert von 2200 kcal.

Schritt 2
Schaffe ein Defizit
Nun muss es dein Ziel sein, ein Defizit einzurichten. Um Fett zu verbrennen, musst du weniger essen, als du verbrauchst. Doch Vorsicht, nicht zu wenig, sonst spürst du die bereits erwähnten Nachteile und hast ständig Hunger. Das gilt es zu vermeiden.
Zieh von den Tageskalorien 300 bis 500 kcal ab. In unserem Beispiel nehmen wir einen Wert von 400 kcal, so kommst du auf einen Sollwert von 1.800 kcal pro Tag. Größer als 500 kcal sollte das Defizit jedoch nicht sein, da sonst die Gefahr zu groß wird, dass du Muskelmasse verlierst.
Nehmen wir jetzt noch an, du verbrauchst mit Ausdauer- und Muskeltraining weitere 1.200 kcal pro Woche. Das ist nicht sonderlich schwierig und der Nachbrenneffekt ist dabei noch gar nicht eingerechnet. Das macht dann also 4.000 kcal pro Woche. Im ersten Monat verbrennst du damit etwa 16.000 kcal, was mehr als 2kg reines Körperfett entspricht. In 8 Wochen kommst du damit auf 4 kg, und das mit minimalem Aufwand. Wohl gemerkt, wir sprechen hier nicht von Wasser oder Muskelmasse, die du verlierst, sondern wirklich reines Fett!
Gleichzeitig baust du Muskeln auf, da du ja Krafttraining absolvierst und viel Protein konsumieren wirst (siehe nächster

Schritt). Kannst du dir vorstellen, wie du mit 4kg weniger Fett und 2kg mehr Muskeln aussiehst? Ich verspreche dir, du wirst dich nicht mehr wieder erkennen!
Dieser Berechnung liegen nur die Minimalergebnisse zugrunde. Wenn du mehr trainierst und beispielsweise 3000 kcal pro Woche durch Sport verbrauchst, siehst du in kurzer Zeit noch bedeutend bessere Ergebnisse. Das sollte dich doch motivieren für den nächsten Schritt.

Schritt 3
Plane deine Ernährung
Nun geht es ans Eingemachte. Wir erstellen einen Ernährungsplan. Dies erfordert schon eine gewisse Disziplin. Wenn es dir wirklich ernst ist mit dem Waschbrett, mach weiter. Wenn nicht und du nur allgemein ein bisschen abnehmen willst, zeige ich Ihnen gleich noch eine Alternative.

Es geht jetzt also darum, die 1800 Soll-Kalorien auf die Grundnährstoffe Eiweiß, Kohlenhydrate und Fett zu verteilen. Welches Verhältnis dabei optimal ist, ist sehr umstritten, wie wir oben schon gesehen haben.
Ganz wichtig ist dabei, dass du ausreichend Protein zuführst. Protein ist neben Wasser der Hauptbestandteil der Muskeln. Protein hat relativ wenige Kalorien und heizt dem Stoffwechsel ein. Wenn du mit den Nieren keine Probleme hast, sind auch größere Mengen Protein unbedenklich. Achte aber darauf, genug zu trinken.
Kohlenhydrate brauchst du, um eine optimale Gehirnfunktion zu gewährleisten. Außerdem ist eine gewisse Menge Kohlenhydrate nötig, um sich vom Training gut zu erholen. Die Mengen, die der Durchschnittsmensch aber so zu sich nimmt, sind des Guten viel zu viel.
Du brauchst auch Fette. Wir werden zwar das Fett limitieren, aber dennoch genug gesunde Fettsäuren zuführen, um einen optimalen Fettstoffwechsel und eine gute Gesundheit zu gewährleisten.
Empfehlenswert ist ein Verhältnis

von 40% Protein, 30% Kohlenhydraten und 30% Fetten.

Dabei nimmst du ausreichend Protein auf, um die beschriebenen positiven Effekte auszunutzen, genügend Kohlenhydrate, um Energie zu haben und genügend Fett, um unter die Nutzen der guten Fettsäuren zu kommen.

In unserem Beispiel mit 1800 kcal ergeben sich daraus
- 180 Gramm Protein
- 1g Protein =   4 kcal
- 40% von 1800 =   720 kcal

- 720 kcal : 4 =   180g

- 135g Kohlenhydrate
- 1g KH =   4 kcal
- 30% von 1800 =   540 kcal
- 540 kcal : 4=   135g

- 60g Fett
- 1g Fett = 9 kcal
- 30% von 1800 = 540 kcal
- 540 kcal :9 = 60g

Das wäre also die optimale Verteilung der Nahrungsbestandteile.

Verteilung der Mahlzeiten

Wie oft am Tag solltest du essen?
Ziemlich sicher ist, dass die herkömmlichen 3 Mahlzeiten am Tag nicht optimal sind. Erstens gerät der Stoffwechsel in den langen Pausen ins Stocken. Zweitens laufen Sie Gefahr, Hunger zu bekommen und etwas Ungesundes zu essen. Und drittens essen Sie bei den 3 Mahlzeiten dann automatisch mehr.
Verteile deine Mahlzeiten lieber auf 5 oder sogar
6 kleine Mahlzeiten,
zum Beispiel Frühstück, Snack, Mittagessen, Snack, Abendessen

Woraus sollte die Nahrung bestehen?
Empfehlenswerte Nahrungsmittel
Welche Nahrungsmittel sind empfehlenswert? Was solltest du unbedingt in Ihre Ernährung einbauen?

Protein
- Geflügel. Hähnchen- oder Putenbrust ist günstig, schmackhaft und vor allem frei von Fetten und Kohlenhydraten und beliefert dich weiterhin mit viel hochwertigem Eiweiß.
- Fleisch: Vor allem Rind in moderaten Mengen liefert sehr gutes
- Eiweiß. Auch Schwein ab und zu kann die Ernährung abwechslungsreich gestalten. Sei bei Fleisch aber mit den Mengen vorsichtig, da es meist Fett und weniger gesunde Nebenprodukte, wie Purin, enthält.
- Fisch: Lachs führen wir noch unter "Fette" auf, aber auch Thunfisch, als Steak oder in der Dose, enthält viel hochwertiges Eiweiß und wenig Fett (solange Sie nicht den in Öl eingelegten nehmen).
- Eier: Jaja, Eier enthalten recht viel Fett. Aber dafür enthält das Ei das hochwertigste Protein, das es in der Natur gibt. Ist ja auch kein Wunder,

immerhin ist das Ei ein komplettes Lebewesen. Nicht umsonst wird Eiprotein als Referenzwert für die Berechnung der Wertigkeit von Eiweiß herangezogen.

Baue regelmäßig Eier in deine Ernährung ein, zum Beispiel als gekochtes Ei oder als Rühr/Spiegelei mit 2 oder 3 Eiklar und einem oder 2 Eigelb. Du hast Angst vor Cholesterin? Solange du einen gesunden Stoffwechsel hast, ist diese Angst unbegründet. Gesunde Menschen gleichen externe Cholesterinzufuhr durch eine Verringerung der internen Produktion wieder aus. Zudem ist Cholesterin wichtig zur Bildung von Testosteron, also keine Panik.

- Milchprodukte: Magerquark enthält 12 Prozent Protein und ist quasi fettfrei. Zudem enthält er viel Calcium, was den Fettabbau fördert. Auch Milch und Joghurt sind in Maßen genossen sehr hilfreich. Denk aber daran, die Kohlenhydrate in deine Berechnung einzubeziehen. Käse ist meist sehr fett, aber zum Beispiel Mozzarella light mit Tomate, Gewürzen, etwas Olivenöl und Balsamico-Essig ergibt eine gesunde und hochwertige Mahlzeit.

Rezeptbeispiel
Wer wie ich keinen Quark mag, dem schmeckt vielleicht trotzdem mein Lieblingsrezept:
- 500g Magerquark
- ca. 30-50g Eiweißpulver, Geschmack Erdbeere oder Himbeere
- eine Handvoll tiefgefrorener oder frischer Himbeeren oder Erdbeeren
- Wasser
Mixe Quark, Beeren und Wasser mithilfe eines Zauberstabes in einem ausreichend großen Mixbecher (1,5l sind hier ideal). Gib dann das Proteinpulver hinzu und mixe alles gut durch.
Ergibt 2 oder 3 Portionen mit sehr viel Eiweiß, wenig Kohlenhydraten und ohne Fett. Sehr lecker, wenn man es kühlschrankkalt serviert.

- Soja: Wer´s mag. Sojaeiweiß alleine ist nicht besonders hochwertig, aber in Kombination mit anderen Eiweißquellen verbessert sich die Wertigkeit enorm. Außerdem enthält Soja sehr gesunde Pflanzenstoffe.
- Proteinpulver: Meine Lieblingsquelle. Günstig, hochwertig, einfach und schnell zubereitet.

<u>Kohlenhydrate</u>

Als Grundregel kann gelten, dass man möglichst naturbelassen einkaufen sollte. Also möglichst wenig raffinierte Lebensmittel, weißen Zucker und Weißmehl. Im Gegenzug dazu möglichst nur Vollkornprodukte, aber auch die nur in moderaten Mengen.

- Brot: Ein bis zwei Scheiben Vollkorn- oder Schwarzbrot am Tag schaden wohl nicht, mehr sollte es aber aufgrund des hohen Kohlehydratanteils nicht sein. Vermeide unbedingt Weißbrot, Toast, Baguette usw. Achte auch darauf, dass auf der Inhaltsliste wirklich Vollkornmehl als erstes (oder besser noch einziges) Mehl aufgeführt ist. Denn die Nahrungsmittelindustrie setzt Sirup usw. ein, um normales Weißbrot dunkler zu färben und somit gesünder aussehen zu lassen.
- Haferflocken: Gönne dir ein gutes Müsli mit Hafer- oder anderen Getreideflocken, ein paar Nüssen, Rosinen usw. Achten Sie aber auf die Menge und verzehre es nicht zu oft.
- Nudeln: Auch hier heißt die Devise "Vollkorn". Beschränke aber den Nudelverzehr auf seltenere Anlässe, da sie vor Kohlenhydraten nur so strotzen.
- Reis: Vollkorn- oder Naturreis in kleinen Mengen ist zu empfehlen. Liefert Energie und Vitalstoffe, schmeckt gut und macht nicht dick.
- Gemüse: Hier kannst du fast unbegrenzt zuschlagen. Sei Sie nur bei Erbsen und anderen Hülsenfrüchten aufgrund der Kohlenhydrate ein bisschen vorsichtig. Aber Kohlsorten, Möhren, Tomaten, Broccoli und so weiter sind gesunde, leckere und hochwertige Nahrungsmittel.

Rezeptbeispiel
Hier mein Lieblingsrezept für eine gesunde und leckere Tomatensoße.
Schneide eine Zwiebel und ein paar Knoblauchzehen (nach Geschmack) in Stückchen.
Dünste diese in etwas Olivenöl an.
Dann kommen 2 Dosen Pizzatomaten hinzu.
Wenn diese heiß sind,
gib eine halbe Tüte Fertig-Tomatensauce dazu (ohne ist es natürlich noch gesünder, wer in der Küche bewandert ist, kann es gerne anders machen).
Zum krönenden Abschluss dann noch viel trockenes oder frisches Basilikum, Oregano, Paprika, ein bisschen Pfeffer und/oder Chili und eine kräftige Portion Tomatenmark.
Spare vor allem nicht mit dem Basilikum, der macht die Soße erst richtig schmackhaft und ist überdies noch sehr gesund.

- Obst: Auch Obst solltest du regelmäßig essen, da es überaus gesund ist und viele Ballaststoffe enthält. Nicht nur die Vitamine und Mineralstoffe, sondern besonders auch die so genannten sekundären Pflanzenstoffe, wie zum Beispiel die Farbstoffe im Obst, sind für die Gesundheit sehr förderlich. Esse jeden Tag einen Apfel, eine Banane und anderes Obst, vor allem Obst der Saison. Übertreibe es aber auch nicht, sondern finde ein gesundes Maß.

Fett

Wie gesagt, mit Fett musst du dich ein wenig zurückhalten, gleichzeitig aber darauf achten, dass du genügend gesunde Fettsäuren verzehrst. Iss deshalb die folgenden Nahrungsmittel regelmäßig:

- Lachs (-Öl): Iss regelmäßig eine Portion Seelachs. Wenn du keinen Fisch magst (wie ich), ergänze auf jeden Fall deine Ernährung mit Lachsölkapseln oder sogar flüssigem Lachsöl. Eine Bezugsquelle findest du unten. Der Geschmack ist zwar nicht gerade sehr angenehm, aber mit ein paar kleinen Tricks merkst du nichts davon : Halte dir die Nase zu, dann schmecken Sie so gut wie nichts. Spül sofort nach dem Löffel Lachsöl mit einem Getränk nach. Am besten eignet sich dafür mein oben beschriebener Quark-Shake. Ich mache das regelmäßig so und schmecke von dem Öl überhaupt nichts (und ich bin sehr geschmacksempfindlich).
- Leinöl: Auch Leinöl enthält Omega-3-Fettsäuren, aber andere als tierische Quellen. Am besten, du ergänzt deshalb beide Öle miteinander. Leinöl bekommst du in 250ml Flaschen zum Beispiel in der Drogerie oder im Supermarkt und auch im Reformhaus. Die beste Qualität erhältst du jedoch direkt bei den Ölmühlen. Auch im Internet kannst du Leinöl direkt von den Mühlen bestellen.
- Nüsse: Essen Sie ab und zu ein paar Walnüsse und Mandeln oder auch andere Nüsse. Diese enthalten sehr hochwertiges Fett. Wenn du den Verzehr in Maßen hältst, kannst du trotzdem abnehmen. Kauf aber nicht die in Öl gerösteten.Nüsse!
- Samen: Leinsamen enthält wie auch Leinöl Omega-3 Fettsäuren, Protein und Ballaststoffe. Wir gehen später noch einmal auf Leinsamen ein. Bevorzuge den geschroteten, der wird vom Körper besser verarbeitet.
- Olivenöl: Wie schon erwähnt, solltest du regelmäßig Olivenöl zu dir nehmen. Dieses Öl eignet sich auch zum Braten, im Gegensatz zu den instabilen anderen Ölen.
- Rapsöl: Auch im Rapsöl sind Omega-3-Fette enthalten und es wird von vielen als angenehmer empfunden als Fisch- oder Leinöl. Grundsätzlich solltest du nicht größere Mengen Fett und Kohlenhydrate kombinieren.

Aufgrund der Kohlenhydrate steigt der Blutzuckerspiegel und das Insulin lagert die Fettsäuren dann in die Körperzellen ein. Trenne daher am besten Fett und Kohlenhydrate so gut wie möglich.

Bastle dir einen Ernährungsplan und halte dich daran. Am einfachsten ist es, wenn du den Plan jeweils eine Woche lang befolgst und dann wechselst Das kann zwar etwas eintönig werden (muss es natürlich nicht), aber du sparst viel Zeit mit dem Kochen und Vorbereiten.

Koche eine größere Mengen vor. Von der Mittagsmahlzeit kannst du zum Beispiel 4-5 Portionen kochen und die dann in den Kühlschrank stellen bzw. einfrieren. So musst du an den nächsten Tagen die Portionen nur noch auftauen und wieder sparst du eine Menge Zeit.

Ernährung ohne Ernährungsplan

Wenn du dich ich erst mal noch nicht so umfassend mit deiner Ernährung beschäftigen willst, gibt es dennoch einige Dinge, die du tun kannst.
Hier also einige Hinweise, die du beachten solltest, wenn du auch ohne Ernährungsplan Erfolge erzielen willst:
- Streich Süßigkeiten so weit wie möglich aus deiner Ernährung. Das klingt wie eine Binsenweisheit, aber Vorsicht: auch die in der heutigen Zeit als „gesund" und „fettfrei" beworbenen Süßigkeiten wie Gummibärchen usw. enthalten Zucker. Essen Sie möglichst konsequent ohne Süßigkeiten. Wenn Sie dennoch der Heißhunger überkommt, iss erst einmal ein Stück Obst und trink ein Glas Wasser.
Oft lassen sich damit die Attacken besiegen. Auch ein Esslöffel Flohsamenschalen mit Wasser lindert den Hunger, da der Magen gefüllt wird. Wenn dich dennoch die Lust auf Süßigkeiten übermannt, iss ein Stück schwarze Schokolade. Je schwärzer, desto weniger Zucker ist enthalten. Und ein Stück schwarze Schokolade von 10 oder 20 Gramm macht deine Bemühungen nicht gleich zunichte, sondern kann sogar gesund sein.
Es gibt auch gute Eiweißriegel, die lecker nach Schokolade oder anderen Geschmacksrichtungen schmecken und die wenig Zucker und Fett enthalten. Wirf aber unbedingt einen Blick auf die Zutatenliste, um nicht vom Regen in die Traufe zu geraten.
- Reduziere Zucker: Wir haben bereits erwähnt, dass Zucker DER Hauptfeind des Waschbrettbauches ist. Aber nicht nur das, er ist einer der Hauptverantwortlichen für eine Reihe von Krankheiten, angefangen bei Diabetes über Herz-Kreislauf Erkrankungen bis hin zu Karies. Außerdem hat Zucker ein nicht zu unterschätzendes Suchtpotential. Achten also auf die Inhaltsangaben der Lebensmittel auf den Zucker. Je weiter oben ein Inhaltsstoff steht, desto mehr ist davon enthalten.
Besonders tückisch ist, dass auch vermeintlich gesunde

Lebensmittel wie Fruchtjoghurts und Fitnessriegel zu großen Teilen Zucker enthalten. Sogar die berühmten Diätdrinks, die ein dicker Fernsehmoderator jahrelang bewarb, enthalten zur Hälfte reinen Zucker (eine der größten Schweinereien überhaupt, wie ich finde.
Oft kommt Zucker auch in Verkleidungen wie „Glukosesirup" oder „Invertzuckersirup" vor. Lass dich nicht täuschen, es ist reiner Zucker.
Fruchtzucker ist auch nicht viel besser als Zucker. Sei also skeptisch, wenn auf der Verpackung „ohne Kristallzucker" oder „ohne Haushaltszucker" steht.
Spare mit Süßstoff Kalorien: Geh aber auch mit Süßstoff sparsam um. Studien legen nahe, dass der Körper schon Insulin ausschüttet, wenn ihm nur Süßes zugeführt wird, sogar wenn kein Zucker enthalten ist. Süßstoffe können eine gute Alternative zu Zucker darstellen, übertreibe es jedoch nicht. *„Zuckerfrei" ist kein Freifahrschein für literweise Light* Limonaden und ähnliches.

- Wähle deine Nahrungsmittel möglichst naturbelassen: Je mehr ein Nahrungsmittel verarbeitet wird, desto ungesünder wird es.
Nimm daher öfter mal ein Stück Obst anstatt Obstsäfte, Äpfel anstatt Apfelmus, Tomaten anstatt Ketschup. Achten auf weißes Mehl. Aus diesem Mehl sind alle wichtigen Mineralstoffe, Vitamine und Ballaststoffe herausgewaschen, es enthält nichts mehr außer „leere Kalorien".
Vermeide möglichst Fertigspeisen, egal ob Tiefkühlgerichte, Dosenfutter oder Fast Food. Je naturbelassener, desto besser.

- *Fülle deinen Teller* zuerst mit Eiweiß: Eine einfache Regel, die man auch ohne Ernährungsplan gut umsetzen kann, betrifft die Reihenfolge, mit der man seinen Teller füllt. Lege zuerst eine große Portion Eiweiß darauf. Achten auf eine möglichst fettarme Eiweißquelle, zum Beispiel eine Hähnchenbrust, ein Steak oder ein Stück Fisch (der darf gerne auch fett sein).
Dann kommt Gemüse dazu, da darf es auch ruhig ein bisschen mehr sein. Wenn dann noch Platz ist, gib noch etwas Reis, Dinkel, Buchweizen oder Vollkornnudeln hinzu. Auf diese Weise führst du automatisch eine gesunde und dem Fettabbau zuträgliche Verteilung der Nährstoffe zu. Ersetzen die Stärke der Nudeln etc. durch Fasern des kalorienarmen Gemüses.

- Sündige auch mal: Eine recht gute Regel ist, sich unter der Woche streng an die gute Ernährung zu halten, um dann am Wochenende einen Schummeltag einzulegen. Da darfst du dann ruhig auch mal eine Pizza, Chips oder Schokolade essen, solange du es nicht übertreibst. Die Aussicht auf das Wochenende kann die Moral während der Woche enorm stärken. Du belohnst dich so für dein Durchhaltevermögen, solange du das noch brauchst. Wenn du erstmals die Erfolge anhand deiner Vorher-Nachher-Fotos oder deiner Abmessungen siehst, brauchst du diese Art der Unterstützung ohnehin seltener.

Nahrungsergänzungen zum Fettabbau

Es gibt eine unüberschaubare Anzahl an Wundermittelchen, die
rasanten Fettverlust in kürzester Zeit versprechen. Schau dir
nur mal die Anzeigen in den einschlägigen Zeitschriften oder die
Dauerwerbesendungen im Fernsehen an. Wenn du solche Mittel
schon einmal ausprobiert hast, hast du festgestellt – davon wird
nur eines leichter: Dein Geldbeutel!
Es gibt einfach keine Abkürzung zum schlanken Körper mit
Waschbrettbauch! Zwar eine Reihe von Hilfsmitteln, mit denen du das
Ziel schneller erreichst, aber den Weg musst du schon selber
gehen! Disziplin und Ausdauer sind dabei unverzichtbar. Überwinde
deinen inneren Schweinehund und sei stolz auf die Ergebnisse, die sich mit
Sicherheit zeigen werden!
Hier möchte ich dir einige Nahrungsergänzungen vorstellen, die
Einfluss auf den Fettverlust haben und dir helfen können.
Bitte denk aber daran, dass es keine Wundermittel sind, die
ausgiebige Sessions am Buffet einfach so ausgleichen.
- L-Carnitin: In den Medien gerne als DAS Wundermittel zum
Fettabbau dargestellt, ist L-Carnitin zu allgemeiner Bekanntheit gelangt. Es
handelt sich dabei um eine Substanz, die im Fettstoffwechsel beteiligt ist,
genauer gesagt, das Fett in den Körperzellen zu den "Brennöfen"
transportiert.
Wenn du jetzt aber denkst, du musst einfach nur mehr L Carnitin zuführen,
dann würdest du automatisch mehr Fett verbrennen, liegst du leider falsch.
Die Ergebnisse von L Carnitin sind extrem umstritten. Die einen loben es in
den Himmel, die anderen sprechen ihm jegliche Wirksamkeit ab.
Wenn du es trotzdem ausprobieren willst, nimm mindestens 1 Gramm vor
dem Ausdauertraining. Ach ja, als kleinen Bonus hat sich herausgestellt, dass
L-Carnitin das Herz schützt. Wenn es also für den Fettabbau nicht wirken
sollte, hast du wenigstens ein gesundes Herz…

- Koffein: Unbestritten ist der Einfluss von Koffein auf den Fettabbau. Koffein
kannst du in Form von Kaffee oder Koffeintabletten zuführen. Trink vor dem
Training bzw. morgens vor der Ausdauereinheit eine oder zwei Tassen
schwarzen Kaffee oder nimm 100 bis 200mg Koffein.
Natürlich gelten diese Angaben nur, wenn du ein gesundes Herz hast und
auch sonst keine Vorbelastungen. Ein guter Nebeneffekt ist, dass das Koffein
dich wach macht und dir Energie fürs Training liefert.

- Fatburner: Früher gab es wirklich wirksame Fatburner, die Koffein, Ephedrin
und eine aspirinähnliche Substanz enthielten (ECA-Stack). Dann wurde
Ephedrin dem Arzneimittelgesetz unterstellt und ist nicht mehr frei verfügbar.

Daher sind auch die gängigen Fatburner nicht mehr so wirksam, wenn überhaupt.
Mein Fazit: Lass die Finger davon, investiere dein Geld lieber anders.

- Guarana: Guarana ist eine gute Alternative zu Koffein. Es enthält auch Koffein, aber in einer etwas milderen Form. Dadurch wird es besser verträglich, magenschonender und die
Wirkung hält länger an, wenn sie auch nicht so stark ausfällt.
Für manche eine gute Lösung.

- Proteinpulver: Das beste Supplement, dass du dir kaufen kannst. Von den positiven Eigenschaften des Proteins haben wir oben schon gesprochen: Muskelaufbau und –erhalt,
Beschleunigung des Stoffwechsels, Sättigung, usw.
Proteinpulver versorgt dich mit günstigem Protein, das zudem befreit von Fett und Kohlenhydraten, mit Vitaminen angereichert und meistens ziemlich lecker ist. Sie können die Shakes mit Milch oder Wasser anrühren. So erhältst du eine schnell zubereitete, leckere, billige und gesunde Zwischenmahlzeit.

  – Grüntee-Extrakt: Einer der effektiveren Fatburner ist Grüntee-Extrakt, das auch in vielen der fertigen Fatburner enthalten ist. Es hat einen ähnlichen Effekt wie Koffein, nur ein bisschen milder und besser verträglich. Obendrein ist es ein wirksames Antioxidanz, also sehr gesund. Am besten, du kombinierst es mit Koffein, da sich die Wirkungen gegenseitig unterstützen und verlängern. In sehr guten Multi-Vitamin-Präparaten sind manchmal schon Grüntee-Extrakte enthalten, da sich die antioxidative Wirkung mit den Vitaminen potenziert.

- BCAAs: BCAAs sind verzweigtkettige Aminosäuren und damit Bausteine des Eiweißes. Sie sind bekannt für ihre muskelaufbauende und –schützende Wirkung. Was die wenigsten wissen, ist allerdings, dass BCAAs auch eine fettabbauende Wirkung haben.

- Calcium: Hat der Körper zu wenig Calcium, baut er kein Fett ab. Größere Calciumgaben führten in Studien zu einem stärkeren Fettverlust. Sorge also dafür, genug Calcium zuzuführen. Optimal sind wohl 800 – 1000mg, eventuell aufgeteilt in mehrere kleine Gaben.

- Chitosan: Chitosan war vor einigen Jahren DER Renner auf dem Nahrungsergänzungsmarkt. Es handelt sich dabei um einen Ballaststoff aus Schalen von Krebsen oder Krabben. Dieser Stoff soll das Fett im Magen binden und den Körper zwingen, es unverdaut wieder auszuscheiden. Ob es funktioniert oder nicht, ist umstritten. Eventuell kann Chitosan als Ergänzung zur Ernährungsumstellung eingenommen werden oder als Ausgleich für gelegentliche Ausrutscher. Keinesfalls stellt es jedoch einen Ersatz für die hier beschriebenen Methoden dar.

- Vitamin C: Vitamin C trägt zwar nicht direkt zum Fettabbau bei, hat aber eine Reihe positiver Eigenschaften und soll deshalb nicht unerwähnt bleiben. Dieses Vitamin ist zum einen sehr preisgünstig zu haben. 100g reines Vitamin C kosten weniger als 2€ und es ist exakt der gleiche Stoff, wie er auch in Früchten vorkommt. Der Grund, warum das Vitamin C aus Obst besser verwertet wird, liegt in den begleitenden Stoffen, die neben dem Vitamin noch im Obst vorkommen. Wenn du deshalb eine größere Dosis Vitamin C zu dir nimmst, iss einfach eine Mandarine, eine Kiwi oder ein paar Kirschen dazu. So kommst du auch in den Genuss der sekundären Pflanzenstoffe, die die Wirksamkeit des Vitamin C potenzieren. Vitamin C kann dich vor Erkältungen schützen, was dich natürlich auch vor Trainingsausfällen schützt. Vitamin C erhöht deine Abwehrkräfte und vieles mehr.
Nimm zum Beispiel pro Tag ca. 1.000mg Vitamin C in mehreren kleineren Dosen. Wenn du dich für die positiven Wirkungen der Vitamine interessierst, findest du im Bonus
eBook „Internetquellen und Bücher" Literaturempfehlungen.
Jetzt kennst du schon einige der wichtigsten Grundlagen zum Fettabbau. Du weißt, wie du deine Muskeln trainieren musst, was du essen darfst, wie Fett du verbrennst und wie du deine Bemühungen unterstützen kannst.

REZEPTE

Warme Snacks

<u>Suppe im Einmachglas</u>

Zeit: 10 Minuten
Schwierigkeitsgrad: Leicht
Kalorien: 39 kcal pro Person
Fett: 0,6 g pro Person
Eiweiß: 2,5 g pro Person
Kohlenhydrate: 5,5 g pro Person

<u>Zutaten für 2 Personen:</u>
50 g Sojasprossen
50 g Chinakohl
1 Frühlingszwiebel
1 Möhre

1/4 Zucchini
2 EL gekörnte Gemüsebrühe
2 TL Koriander

Zubereitung:
1. Zuerst den Chinakohl und die Möhre in feine Streifen sowie die Frühlingszwiebel in Ringe schneiden. Die Zucchini anschließend halbieren und in feine Scheiben schneiden. Die Zutaten gemeinsam mit dem Koriander in eine Schüssel füllen und gut miteinander vermischen.
2. Zwei aufgeschraubte Einmachgläser bereitstellen und darin jeweils einen EL gekörnte Gemüsebrühe geben. Nun das Gemüse gleichmäßig auf die Einmachgläser verteilen und den Deckel verschließen. So kann die Suppe leicht am Morgen vorbereitet und als Pausensnack mit ins Büro genommen werden.
3. Für die Zubereitung das Einmachglas mit heißem Wasser füllen und für etwa 5 Minuten ziehen lassen. Kurz mit einem Löffel umrühren und noch warm genießen. Für diesen warmen Snack lassen sich auch gut Gemüse- oder Fleischreste verwerten, die am Vortag übriggeblieben sind. Dann kann je nach Geschmack natürlich auch Hühner- oder Rindfleischbrühe verwendet werden.

Pastinakenpommes

Zeit: 25 Minuten
Schwierigkeitsgrad: Leicht
Kalorien: 91 kcal pro Person
Fett: 5,8 g pro Person
Eiweiß: 2,7 g pro Person
Kohlenhydrate: 6,3 g pro Person

Zutaten für 2 Personen:
4 Pastinaken
Olivenöl
Salz und Pfeffer zum Würzen

Zubereitung:
1. Die Pastinaken schälen und in die typische Pommesform schneiden. Diese in eine Schüssel geben und mit 3 EL Olivenöl sowie Salz und Pfeffer würzen.
2. Ein Backblech mit Backpapier auslegen und die Pastinakenpommes darauf in einer Lage verteilen. In den auf 175° vorgeheizten Ofen schieben und dort für 20 Minuten backen.
3. Dieser Snack schmeckt sowohl warm als auch kalt und kann gut für ein Picknick oder einen Ausflug vorbereitet werden.

Geröstete Erdnüsse mit Meersalz

Zeit: 10 Minuten
Schwierigkeitsgrad: Leicht
Kalorien: 350 kcal pro Person
Fett: 29 g pro Person
Eiweiß: 15 g pro Person
Kohlenhydrate: 4,3 g pro Person

Zutaten für 2 Personen:
100 g Erdnüsse ohne Schale
Öl
Meersalz
Frisch gesalzener Pfeffer

Zubereitung:
1. Eine Pfanne mit Öl erhitzen und die Erdnüsse darin anrösten. .Im Anschluss die noch warmen Erdnüsse in eine Schüssel geben und mit Meersalz und Pfeffer nach Belieben würzen.
2. Der Snack lässt sich je Geschmack auch mit vielen weiteren Gewürzen wie Chiliflocken oder frischen Kräutern würzen.

Salami- und Käsechips

Zeit: 20 Minuten
Schwierigkeitsgrad: Leicht
Kalorien: 202 kcal pro Person
Fett: 17 g pro Person
Eiweiß: 12 g pro Person
Kohlenhydrate: 0,3 g pro Person

Zutaten für 4 Personen:
100 g Hauchfein geschnittene Salami
100 g geriebener Käse nach Wahl

Zubereitung:
1. Ein Backblech mit Backpapier auslegen und auf einer Hälfte zuerst die Salamischeiben einzeln auslegen. Auf der anderen Hälfte den geriebenen Käse in kleinen Haufen anordnen.
2. Das Blech in den auf 180° vorgeheizten Backofen schieben dort für 15 Minuten backen. Etwas auskühlen lassen und gemeinsam in einer Schüssel servieren.

3. Die große Auswahl an verschiedenen Salami und Käsesorten macht diesen Snack sehr abwechslungsreich.

Marinierte Garnelen
Zeit: 15 Minuten
Schwierigkeitsgrad: Leicht
Kalorien: 154 kcal pro Person
Fett: 2,4 g pro Person
Eiweiß: 25,9 g pro Person
Kohlenhydrate: 6,2 g pro Person

Zutaten für 2 Personen:
250 g Garnelen
1 EL mittelscharfer Senf
1 TL Honig
1EL gehackte Zitronenmelisse

Zubereitung:
1.In einer Schüssel die Garnelen mit den anderen Zutaten vermischen und für 5 Minuten durchziehen lassen, damit sich die Aromen vor dem Braten bereits vermischen. Für ein noch intensiveres Aroma kann die Marinade auch für mehrere Stunden im Kühlschrank ziehen.
2.Eine Pfanne auf dem Herd erhitzen und die Garnelen mit der Marinade erhitzen und danach noch warm als Snack oder warme Zwischenmahlzeit servieren.

Kalte Snacks
Käsespieße mit Stachelbeeren

Zeit: 5 Minuten
Schwierigkeitsgrad: Leicht
Kalorien: 185 kcal pro Person
Fett: 23 g pro Person
Eiweiß: 22,1 g pro Person
Kohlenhydrate: 3 g pro Person

Zutaten für 2 Personen:
50 g Stachelbeeren
50 g Goudawürfel
50 g Butterkäsewürfel

Zubereitung:
1. Holzspieße bereitlegen und die Zutaten darauf je nach Lust und Laune

aufspießen und gleich genießen oder im Kühlschrank lagern.
2. Da viele Käsesorten nur sehr wenige Kohlenhydrate enthalten können
die Sorten je nach Belieben variiert werden.

Gefüllte Kräutereier

Zeit: 20 Minuten
Schwierigkeitsgrad: Leicht
Kalorien: 120 kcal pro Person
Fett: 9 g pro Person
Eiweiß: 6,2 g pro Person
Kohlenhydrate: 1,2 g pro Person

Zutaten für 4 Personen:
4 Eier
1 Karton Kresse
2 EL Mayonnaise
10 g Ingwer

Zubereitung:

1. Zuerst die Eier im heißen Wasser für etwa 10 Minuten hartkochen.
2. In der Zwischenzeit die Kresse abschneiden und waschen, um
Erdanhaftungen zu entfernen. Dann den Ingwer fein würfeln und beiden
gemeinsam mit der Mayonnaise in einer Schüssel
3. Im Anschluss die Eier pellen, halbieren und das Eigelb entfernen. Das
Ei nun mit der vorbereitete Kräutermayonnaise füllen und entweder
gleich servieren oder im Kühlschrank lagern.

Thunfischsalat

Zeit: 10 Minuten
Schwierigkeitsgrad: Leicht
Kalorien: 310 kcal pro Person
Fett: 21,9 g pro Person
Eiweiß: 24,2 g pro Person
Kohlenhydrate: 1,6 g pro Person

Zutaten für 2 Personen:
1 Dose Thunfisch im eigenen Saft
1 hartgekochtes Ei
6 Cornichons
3 EL Mayonnaise
2 EL Silberzwiebeln

Zubereitung:
1. Den Thunfisch abschütten und in einer Schüssel mit einer Gabel fein zerkleinern. Danach das Ei pellen und ebenso wie die Cornichons würfeln.
2. Im Anschluss die Eier pellen, halbieren und das Eigelb entfernen. Das Ei nun mit der vorbereitete Kräutermayonnaise füllen und entweder gleich servieren oder im Kühlschrank lagern.

Gefüllte Chicoréeblätter mit Walnüssen

Zeit: 10 Minuten
Schwierigkeitsgrad: Leicht
Kalorien: 175 kcal pro Person
Fett: 15 g pro Person
Eiweiß: 7 g pro Person
Kohlenhydrate: 2,2 g pro Person

Zutaten für 4 Personen:
1 Chicorée
100 g gewürfelter Feta
50 g gehackte Walnüsse
Öl
Walnussessig
Salz und Pfeffer zum Würzen

Zubereitung:
1.Die Blätter des Chicorée einzeln entfernen und auf einen Teller legen. Am einfachsten gelingt dies indem das holzige Ende mit einem Messer entfernt wird und sich die Blätter von selbst lösen.
2.Alle nicht benutzen Blätter in feine Streifen schneiden und gemeinsam mit dem Feta und dem Walnüssen in einer Schüssel mischen.
3.Für das Dressing zu gleichen Teilen Walnussessig und Öl mischen und mit Salz und Pfeffer abschmecken. Im Anschluss mit dem Inhalt der Schüssel vermischen und alles gemeinsam auf die Chicoréeblätter verteilen. Bei sehr dünnen Salatblättern einfach zwei Blätter nehmen, damit es möglich ist diesen Snack ohne Besteck zu essen.

Salatsandwich

Zeit: 5 Minuten
Schwierigkeitsgrad: Leicht
Kalorien: 168 kcal pro Person
Fett: 9,5 g pro Person

Eiweiß: 17,6 g pro Person
Kohlenhydrate: 1,9 g pro Person

<u>Zutaten für 2 Personen:</u>
4 große Radicchioblätter
4 Scheiben Putenaufschnitt
75 g Kräuterfrischkäse

<u>Zubereitung:</u>
1. Den Frischkäse auf den Salatblättern verstreichen. Dann mit dem Putenaufschnitt belegen.
2. Nun die Salatsandwiches einklappen oder einrollen, so bleiben die Finger sauber und das Sandwich kann viel leichter gegessen werden. Wer Radicchio zu bitter findet, kann natürlich auch einen anderen Salat mit großen Blättern verwenden

Süße Snacks

<u>Ein After-Workout-Shake</u>
ist ein sehr guter Weg um dem Körper schneller wichtige Stoffe zu liefern. Hier mehrere Beispiele: Magerquark mit einer Banane ein Apfel und Haferflocken, sowie eine Handvoll Heidelbeeren oder als

<u>Frühstücks-Shake:</u> 250 Gramm Ananas, 60 Gramm Rote Bete, 1 Apfel, 1 Orange, eine halbe Banane, 60 ml Möhrensaft, ein kleines Stück frischen Ingwer, einen Teelöffel Rapsöl. Bei Shakes kann man viele verschiedene Variationen von Gemüse und Obstsorten mischen und es ergeben sich je nach Bedarf viele gesunde und sinnvolle Variationen.

<u>Magerquark mit frischen Früchten</u>

Zeit: 5 Minuten
Schwierigkeitsgrad: Leicht
Kalorien: 92 kcal pro Person
Fett: 0,4 g pro Person
Eiweiß: 14,2 g pro Person
Kohlenhydrate: 7,5 g pro Person

<u>Zutaten für 2 Personen:</u>
200 g Magerquark
50 g Himbeeren
50 g Johannisbeeren
Abrieb einer Orange

<u>Zubereitung:</u>

1. Den Magerquark mit dem Abrieb einer Orange vermischen und auf zwei Müslischüsseln aufteilen.
2. Das Obst waschen und auf den Quark geben oder mit diesem vermengen. Den Snack dann entweder gleich servieren oder im Kühlschrank lagern.
3. Bei der Auswahl der Früchte ist in Bezug auf die Low Carb Ernährung der Zuckergehalt entscheidend. Während Himbeeren und Johannisbeeren einen geringen Zuckergehalt aufweisen weisen Bananen, Äpfel oder auch Weintrauben einen relativ hohen Zuckergehalt auf und sollten daher für eine konsequente Low Carb Ernährung lieber vermieden werden.

Joghurt mit Kiwi

Zeit: 5 Minuten
Schwierigkeitsgrad: Leicht
Kalorien: 47,1 kcal pro Person
Fett: 0,3 g pro Person
Eiweiß: 4 g pro Person
Kohlenhydrate: 6 g pro Person

Zutaten für 2 Personen:
200 g fettarmer Naturjoghurt
1 Kiwi

Zubereitung:
1. Die Kiwi schälen und mit einem Messer vierteln und im Anschluss in feine Scheiben schneiden
2. Den Joghurt mit der vorbereiteten Kiwi mischen. Für eine besonders cremige Konsistenz kann der Joghurt auch püriert werden.
3. Für eine frische Note kann der Joghurt noch mit etwas Limettensaft oder frischer Minze verfeinert werden.

Obstsalat mit Rhabarber

Zeit: 10 Minuten
Schwierigkeitsgrad: Leicht
Kalorien: 45 kcal pro Person
Fett: 0,5 g pro Person
Eiweiß: 1,4 g pro Person
Kohlenhydrate: 8 g pro Person

Zutaten für 2 Personen:

100 g Rhabarber
100 g Erdbeeren
100 g Brombeeren

Zubereitung:
1. Das Obst waschen und den Rhabarber in feine Scheiben schneiden sowie die Erdbeeren in Scheiben schneiden oder vierteln.
2. In einer Schüssel das Obst mischen oder direkt in Müslischüsseln auf zwei Portionen aufteilen. Den Obstsalat dann sofort servieren oder im Kühlschrank aufbewahren.
3. Da auch reifer Rhabarber über einen eher säuerlichen Geschmack verfügt, kann der Obstsalat bei Bedarf mit etwas Honig oder Zuckerersatz wie Stevia oder Xucker gesüßt werden.

Honigmelone mit Parmaschinken

Zeit: 5 Minuten
Schwierigkeitsgrad: Leicht
Kalorien: 70 kcal pro Person
Fett: 1,8 g pro Person
Eiweiß: 7,3 g pro Person
Kohlenhydrate: 6 g pro Person

Zutaten für vier Personen:
1 Honigmelone
8 Scheiben Parmaschinken
Frisch gemahlener Pfeffer

Zubereitung:
1. Die Honigmelone zuerst halbieren und mit einem Löffel vollständig die Kerne aus der Mitte entfernen.
2. Die Honigmelone zuerst vierteln und dann achteln. Dabei immer darauf achten, dass möglichst gleich breite Stücke entstehen. Mit einem scharfen Messer oder Sparschäler dann vorsichtig die Schale auf der Rückseite entfernen.
3. Die Honigmelonenstücke im Anschluss mit Pfeffer aus einer Mühle würzen. Die Stücke nun mit jeweils einer Scheibe des Parmaschinkens umwickeln. Dieser Snack eignet sich sehr gut als Snack für Ausflüge oder an heißen Tagen, an denen eine ganze Mahlzeit zu kochen nicht wirklich gewünscht ist. Zudem lässt sich der Snack gut vorbereiten oder auch spontan zubereiten.

Aprikosenchips

Zeit: 4 Stunden
Schwierigkeitsgrad: Leicht
Kalorien: 17 kcal pro Person
Fett: 0,1 g pro Person
Eiweiß: 0,4 g pro Person
Kohlenhydrate: 4 g pro Person

Zutaten für 4 Personen:
4 reife Aprikosen

Zubereitung:
1. Die Aprikosen vorsichtig mit einem Sparschäler schälen und im Anschluss halbieren.
2. Die Hälften mit einem Messer in Streifen schneiden. Diese auf einem mit Backpapier ausgelegtem Backblech verteilen, so dass eine Lage entsteht und die Aprikosenchips sich nicht überlappen. Damit die Chips nicht braun werden, kann die Tür des Backofens ruhig einen Spalt geöffnet bleiben.
3. Das Blech in den auf 75° vorgeheizten Ofen schieben und langsam trocknen lassen. Dieser Prozess kann bis zu vier Stunden in Anspruch nehmen. Zwar benötigt dieser Snack seine Zeit, mit mehreren Blechen ist es jedoch problemlos möglich auch größere Mengen zuzubereiten. Einmal getrocknet sind die Chips in einer Vorratsdose problemlos für mehrere Wochen haltbar. Die Chips können zudem auch mit anderen Obstsorten wie etwa Ananas oder Birnen zubereitet werden.

Vegetarische/Vegane Snacks

Tomate-Mozzarella Sticks mit rotem Pesto

Zeit: 10 Minuten
Schwierigkeitsgrad: Leicht
Kalorien: 180 kcal pro Person
Fett: 13 g pro Person
Eiweiß: 10 g pro Person
Kohlenhydrate: 2,7 g pro Person

Zutaten für 4 Personen:
100 g Mozzarellakugeln
100 g Pflaumentomaten
100 g eingelegte Paprika
30 g Mandelstifte
30 g geriebenen Parmesan

Öl
Salz und Pfeffer zum Würzen

Zubereitung:
1. Zuerst wird das Pesto zubereitet und dafür in einem Mixer die eingelegten Paprika mit den Mandeln, Parmesan und Öl zu einem Pesto verarbeiten. Da das Pesto wie eine Marinade verwendet werden soll lieber etwas weniger Öl verwenden, damit das Pesto besser an der Mozzarella und den Tomaten haften bleibt.
2. Im Anschluss die Mozzarellakugeln und die Pflaumentomaten halbieren und in dem Pesto marinieren. Durch das Durchteilen soll möglichst viel Pesto an den Zutaten haften bleiben.
3. Zuletzt Mozzarella und Tomaten abwechselnd auf Holzspieße stecken und entweder sofort servieren oder im Kühlschrank aufbewahren. Da das Pesto auf hunderte verschiedene Weisen zubereitet werden kann, ergeben sich immer wieder neue Möglichkeiten, den Klassiker der italienischen Küche geschmacklich abzurunden.

Gemüsesticks mit Meerrettichdip

Zeit: 10 Minuten
Schwierigkeitsgrad: Leicht
Kalorien: 85 kcal pro Person
Fett: 5,3 g pro Person
Eiweiß: 4,1 g pro Person
Kohlenhydrate: 5 g pro Person

Zutaten für 4 Personen:
1 grüne Paprika
4 Stangen Staudensellerie
½ Salatgurke
200 g Saure Sahne
2 TL Meerrettich
Salz und Pfeffer zum Würzen

Zubereitung:
1. Zuerst wird der Dip vorbereitet indem der Meerrettich mit der sauren Sahne vermengt wird. Zur Abrundung des Geschmacks mit Salz und Pfeffer würzen. Für eine fruchtige Note kann mit etwas Orangensaft nachgeholfen werden.
2. Dann das Gemüse waschen und zu Gemüsesticks verarbeiten. Dafür die Staudensellerie von den grünen Blättern befreien und den Rest in der Mitte halbieren. Die Paprika ebenfalls in handliche Streifen schneiden. Die Streifen sollten nicht zu dünn sein, damit der Dip

möglichst leicht daran haften bleibt. Für die Salatgurke empfiehlt es sich, diese zuerst in der Mitte durchzuteilen und dann mit einem Teelöffel die Kerne zu entfernen.

3. Der Dip lässt sich leicht für mehrere Stunden oder auch Tage im Kühlschrank aufbewahren. Die Gemüsesticks sollten dagegen immer frisch zubereitet werden.

Geröstete Mandeln

Zeit: 25 Minuten
Schwierigkeitsgrad: Leicht
Kalorien: 300 kcal pro Person
Fett: 27 g pro Person
Eiweiß: 10,2 g pro Person
Kohlenhydrate: 1,9 g pro Person

Zutaten für 4 Personen:
200 g Mandeln
1 Eiweiß
Meersalz
Frisch gemahlener Pfeffer

Zubereitung:
1. Ein Backblech mit Backpapier auslegen und darauf die Mandeln in einer Lage auslegen.
2. Die Mandeln in dem auf 175° vorgeheizten Ofen schieben und dort für 20 Minuten rösten.
3. In der Zwischenzeit das Eiweiß mit etwa 1 TL Meersalz und einer großen Prise vermengen. Nach den 20 Minuten die Mandeln dazugeben und alles gut vermischen.
4. Im Anschluss für weitere 5 Minuten bei 175° im Ofen fertiggaren. Durch das Eiweiß bleiben die Gewürze sehr gleichmäßig an der Oberfläche der Mandeln haften. Das gilt natürlich auch für anderen Gewürze oder Kräuter wie etwa Rosmarin. In einer Vorratsdose sind die Nüsse problemlos mehrere Tage haltbar.

Gefüllte Paprikaschoten

Zeit: 5 Minuten
Schwierigkeitsgrad: Leicht
Kalorien: 76 kcal pro Person
Fett: 2,5 g pro Person
Eiweiß: 7,1 g pro Person

Kohlenhydrate: 5,5 g pro Person

<u>Zutaten für 2 Personen:</u>
4 eingelegte Paprikaschoten
100 g Hüttenkäse
1 TK Kräutermischung nach Wahl
Salz und Pfeffer zum Würzen
Zubereitung:
1. Die Paprika aus dem Glas entnehmen und auf einer Lage Küchenpapier abtropfen lassen. Wenn im Glas ebenfalls Knoblauch enthalten ist dann dieser gehackt und der Füllung hinzugefügt werden.
2. In der Zwischenzeit den Hüttenkäse mit den Kräutern mischen und im Anschluss mit Salz und Pfeffer nach Belieben würzen. Natürlich können auch frische Kräuter verwendet werden, aber wer gerade keine frischen im Haus hat, spart sich durch die TK Variante ebenfalls das hacken der Kräuter.
3. Die Mischung vorsichtig mit einem Teelöffel in die Paprikaschoten füllen und gleich servieren oder im Kühlschrank aufbewahren.

<u>Gegrillte Auberginenröllchen mit Frischkäse</u>

Zeit: 5 Minuten
Schwierigkeitsgrad: Leicht
Kalorien: 132 kcal pro Person
Fett: 8 g pro Person
Eiweiß: 7,8 g pro Person
Kohlenhydrate: 4,2 g pro Person

<u>Zutaten für 4 Personen:</u>
12 eingelegte Auberginen im Glas
150 g Kräuterfrischkäse
1 Knoblauchzehe

Zubereitung:
1. Zwei Lagen mit Küchenpapier auslegen und darauf die eingelegten gegrillten Auberginen abtropfen lassen.
2. In der Zwischenzeit die Knoblauchzehe schälen und mit Hilfe einer Knoblauchpresse zerkleinern. Den gepressten Knoblauch dann mit dem Kräuterfrischkäse vermischen.
3. Den Frischkäse auf den Auberginenscheiben verstreichen und möglichst eng zusammenrollen. Je enger dies ist umso leichter fällt es die Auberginenröllchen als Snack zu genießen. Für das Fixieren der Röllchen eignen sich am besten Zahnstocher. Da die gegrillten Auberginen eingelegt waren ist es sehr leicht, diese sofort in den

Kühlschrank und nicht zuerst abkühlen zu lassen, wenn der Snack für einen späteren Zeitpunkt vorbereitet wird.

Herzhafte Snacks

<u>Panierte Hähnchenfilets</u>
Zeit: 20 Minuten
Schwierigkeitsgrad: Leicht
Kalorien: 430 kcal pro Person
Fett: 27 g pro Person
Eiweiß: 40 g pro Person
Kohlenhydrate: 2,4 g pro Person

<u>Zutaten für 4 Personen:</u>
500 g Hühnerbrust
125 g gemahlene Mandeln
50 g Mandelblättchen
2 Eier
Salz und Pfeffer zum Würzen

<u>Zubereitung:</u>
1. Drei tiefe Teller bereitstellen. Auf den ersten die Mandelblättchen füllen. Die gemahlenen Mandeln auf den zweiten geben und in dem dritten Teller die zwei Eier aufschlagen und verquirlen.
2. Im Anschluss die Hühnerbrust zuerst waschen, dann trockentupfen und in Stücke schneiden. Diese sollten in etwa gleich groß sein, damit sich die Garzeit nicht zu sehr unterscheidet. Das Fleisch dann mit Salz und Pfeffer würzen.
3. Für das Panieren die einzelnen Fleischstücke zuerst in den gemahlenen Mandeln wenden, dann folgt das flüssige Ei und zum Schluss die Mandelblättchen.
4. Ein Backblech mit Backpapier auslegen und die panierten Hähnchenfilets darauf verteilen. Für 20 - 25 Minuten in den auf 175° vorgeheizten Ofen schieben. Die Hähnchenfilets schmecken sowohl warm als auch kalt und sind daher ein optimaler Snack für Zuhause und unterwegs.

<u>Putenröllchen mit Harzer Käsecreme</u>
Zeit: 10 Minuten
Schwierigkeitsgrad: Leicht
Kalorien: 160 kcal pro Person
Fett: 8 g pro Person

Eiweiß: 19 g pro Person
Kohlenhydrate: 0,8 g pro Person

<u>Zutaten für 4 Personen:</u>
50 g Harzer Käse
2 EL frischen Schnittlauchröllchen

Zubereitung:
1. Zuerst für die Füllung den Harzer Käse fein würfeln. Die Würfel im Anschluss mit dem Frischkäse und den Schnittlauchröllchen vermengen.
2. Die Füllung auf die acht Scheiben Putenaufschnitt verteilen und diese fest zusammenrollen. Dabei kann etwas der Creme auf der Unterseite wie ein Kleber verwendet werden. Dadurch ist eine zusätzliche Fixierung mit Zahnstochern nicht notwendig.
3. Wenn die Röllchen für einen späteren Anlass vorbereitet werden, diese einfach im Kühlschrank lagern. Wer Harzer Käse nicht mag, kann auch gehobelten Parmesan verwenden.

Schmandkuchen Elsässer Art

Zeit: 35 Minuten
Schwierigkeitsgrad: Leicht
Kalorien: 260 kcal pro Person
Fett: 21 g pro Person
Eiweiß: 12,5 g pro Person
Kohlenhydrate: 4,2 g pro Person

<u>Zutaten für 4 Personen:</u>
200 g Schmand100 g Schinkenwürfel
50 g gemahlene Mandeln
2 rote Zwiebeln
2 Eier

Zubereitung:
1. Zuerst die roten Zwiebeln in feine Würfeln schneiden und gemeinsam mit den Schinkenwürfeln goldbraun anbraten.
2. Diese gemeinsam mit den übrigen Zutaten zu einem Teig vermengen. Im Anschluss eine Muffinform mit etwas Öl einfetten und den Teig gleichmäßig auf die Förmchen verteilen.
3. Die Form nun in den auf 175° vorgeheizten Backofen schieben und dort für 30 Minuten backen. Die Küchlein am besten noch warm genießen, da so die Aromen am intensivsten zur Geltung kommen.

Low Carb Clubsandwich

Zeit: 15 Minuten
Schwierigkeitsgrad: Leicht
Kalorien: 270 kcal pro Person
Fett: 20 g pro Person
Eiweiß: 21 g pro Person
Kohlenhydrate: 2,5 g pro Person

Zutaten für 4 Personen:
8 Scheiben Low Carb Brot
4 Scheiben Hähnchenbrustaufschnitt
4 Scheiben Speck
4 EL Mayonnaise
4 Salatblätter
8 Gurkenscheiben
4 Tomatenscheiben

Zubereitung:
1. In einer Pfanne den Speck von beiden Seiten knusprig anbraten. Danach den Speck auf einem Küchenpapier abtropfen lassen.
2. Vier Brotscheiben bereitlegen und darauf zuerst den Aufschnitt und danach dem Speck legen. Jeweils einen EL Mayonnaise dünn verstreichen. Nun das Salat, Gurke und Tomate darauf verteilen und mit der zweiten Brotscheibe bedecken.
3. Das klassische Clubsandwich wird einmal diagonal durchgeschnitten. Denkbar sind aber auch vier kleine Quadrate, da diese den Snackcharakter noch unterstreichen.

Low Carb Brötchen mit Räucherlachs und Kresse

Zeit: 10 Minuten
Schwierigkeitsgrad: Leicht
Kalorien: 175 kcal pro Person
Fett: 10 g pro Person
Eiweiß: 20 g pro Person
Kohlenhydrate: 2 g pro Person

Zutaten für 4 Personen:
4 Low Carb Brötchen
8 Scheiben Räucherlachs
1 Becher Kresse
100 g Hüttenkäse

Salz und Pfeffer zum Würzen

Zubereitung:
1. Für den Brotaufstrich zuerst die Hälfte der Kresse abschneiden und fein hacken. Die Kräuter im Anschluss mit dem Hüttenkäse vermischen sowie mit Salz und Pfeffer würzen.
2. Die Brötchen aufschneiden und den Kressebrotaufstrich auf alle acht Hälften gleichmäßig verteilen. Auf alle Seiten jeweils eine Scheibe Räucherlachs geben und mit etwas von der restlichen Kresse bestreuen.
3. Die Brötchen können sowohl offen als auch zugeklappt verzehrt werden. Die offene Variante wirkt dagegen auf einen Snackbuffet oder für Gäste besonders einladend

Getränke

Grüner Smoothie mit Papaya

Zeit: 10 Minuten
Schwierigkeitsgrad: Leicht
Kalorien: 20 kcal pro Person
Fett: 0,2 g pro Person
Eiweiß: 2 g pro Person
Kohlenhydrate: 2,4 g pro Person

Zutaten für 4 Personen:
200 g Spinat
1 Papaya
½ Salatgurke
100 ml Wasser
50 ml Grapefruitsaft

Zubereitung:
1. Papaya und Salatgurke in grobe Stücke schneiden. Diese mit dem Wasser in den Mixer geben und dort vermischen.
2. In kleinen Portionen den Spinat hinzufügen und abschließend mit dem Grapefruitsaft würzen.
3. Da ein Smoothie immer frisch getrunken werden sollte, den Smoothie nicht im Kühlschrank lagern, sondern lieber mit etwas Crusheis kühlen.

Vanillebuttermilch mit Zimt

Zeit: 5 Minuten

Schwierigkeitsgrad: Leicht
Kalorien: 57 kcal pro Person
Fett: 0,8 g pro Person
Eiweiß: 5 g pro Person
Kohlenhydrate: 5 g pro Person

Zutaten für 4 Personen:
600 ml Buttermilch
1 Vanilleschote
1 Prise Zimt

Zubereitung:
1. Zuerst das Mark der Vanilleschote entnehmen. Dafür diese der Länge nach halbieren und mit einem Messer vorsichtig auskratzen.
2. In einer Schüssel die Buttermilch und das Vanillemark mit Hilfe eines Schneebesens mischen. Zum Anschluss mit einer Prise Zimt abschmecken.
3. Wenn das Getränk bereits einige Stunden vor dem Servieren zubereitet wird, sorgt die ausgekratzte Vanilleschote für einen noch intensiveren Vanillegeschmack. Vor dem Servieren lediglich die Schote entfernen und die Vanille - Zimtbuttermilch auf vier Gläser aufteilen.

Gewürztee

Zeit: 20 Minuten
Schwierigkeitsgrad: Leicht
Kalorien: 25 kcal pro Person
Fett: 0,6 g pro Person

Zutaten für 4 Personen:
2 Teebeutel schwarzer Tee
100 ml Milch
4 Nelken
2 Kardamom
2 Sternanis

Zubereitung:
1. 1Liter Wasser kochen und darin die Gewürze und die Teebeutel für mindestens 15 Minuten ziehen lassen.
2. Danach die Teebeutel und Gewürze entfernen und auf vier Tassen verteilen. Damit sich die Gewürze in dem dunklen Tee leichter entfernen lassen können Teebeutel für losen Tee verwendet werden.
3. Mit der Milch sowie Süßstoff nach Belieben abschmecken. Bei aufgeschäumter Milch ähnelt der Tee dem aktuell sehr beliebten Chai

Tee.

Erdbeersmoothie mit frischer Minze

Zeit: 10 Minuten
Schwierigkeitsgrad: Leicht
Kalorien: 80 kcal pro Person
Fett: 0,7 g pro Person
Eiweiß: 4,5 g pro Person
Kohlenhydrate: 4,3 g pro Person

Zutaten für 2 Personen:
300 g Erdbeeren
150 g Naturjoghurt
2 EL frisch gehackte Minzblätter

Zubereitung:
1. Zuerst die grünen Blätter von den Erdbeeren entfernen und diese halbieren.
2. Die halbierten Erdbeeren gemeinsam mit dem Joghurt und der Minze im Mixer geben und zu einem leckeren Smoothie vermischen.
3. Für einen gekühlten Smoothie einfach tiefgekühlte Erdbeeren verwenden oder frische Erdbeeren, halbiert etwa für eine Stunde im Eisschrank anfrieren lassen. Mit beiden Varianten entsteht ein angenehm gekühlter Smoothie für den Sommer.

Low Carb Limonade
Zeit: 1 Stunde
Schwierigkeitsgrad: Leicht
Kalorien: 8,2 kcal pro Person
Fett: 0,4 g pro Person
Eiweiß: 0,2 g pro Person
Kohlenhydrate: 0,9 g pro Person

Zutaten für 2 Personen:
1 Liter Mineralwasser mit Kohlensäure
1 Limette
¼ Salatgurke

Zubereitung:
1. Die Gurke und die Limette in dünne Scheiben schneiden und abwechselnd in eine durchsichtige Kanne füllen.
2. Mit dem Mineralwasser auffüllen und abgedeckt für mindestens eine

Stunde im Kühlschrank ziehen lassen.

3. Die Limonade kann auch mit vielen weiteren Zutaten wie etwa Ingwer, Zitrusfrüchten oder auch frischen Beeren oder Kiwi zubereitet werden. Vielfach sorgt auch frische Minze für einen zusätzlichen Frischekick.

MEDITATIONEN

geführte Meditationen:
Sprich diese Meditationen auf Band oder lass sie dir vorlesen.

Du kannst diese Meditationen machen wann immer du Zeit hast und dich entspannen möchtest. Mach es dir zur Gewohnheit zu meditieren, du wirst sehr bald einen positiven Effekt bemerken. Nach einiger Zeit brauchst du dir den Text nicht mehr vorlesen lassen, denn du weißt den Weg zu Deinem Entspannungsort selbst.
Vielleicht schläfst du die ersten Male ein, das macht nichts, du solltest dir aber einen Wecker stellen solltest du nach der Meditation noch etwas vorhaben.
Wenn Du nun Lust hast eine Meditation zu machen, suche dir einen angenehmen Platz. Das kann ein bequemer Stuhl sein oder du legst dich ganz entspannt hin. Nimm dir eventuell eine Decke und mach dich bereit.
Nun hör dir diese Gedankenreise an.

Entspannung, kurze Meditation

Meine Augen schließen sich, ich erlaube meinem Körper ganz ruhig zu sein und mache mir bewusst, dass ich nicht mein Körper bin, ich bin Bewusstsein. Ich bin ein Teil einer mit allem verbundenen Energie. Ich bin Herr meines Körpers der mir gehorcht und dient. Ich liebe meinen Körper und erlaube ihm ganz ruhig zu sein. Alles was ich spüre, ist mein Atem und ich merke, ich muss nichts dazu tun, das Leben atmet mich. Ich mache mir bewusst, dass ich auch meine Gedanken beherrsche und all meine Gedanken konzentrieren sich auf meinen Atem. Ich verändere nichts ich beobachte. Wenn ein anderer Gedanke da ist, lasse ich ihn ziehen, jetzt konzentriere ich mich nur auf meinen Atem. Nur ich und mein Atem sind da. Ich lasse ihn geschehen und merke wie es mich atmet.
Ich lasse alles von mir abfallen und meinen Atem atmen. Ich beobachte die konzentrierte Entspannung, hundert prozentige Konzentration in absoluter Entspannung. Ich bin leicht und nehme wahr, was geschieht. - Ich verschmelze in meinem Bewusstsein und bin eins mit meinem Atem.
In dieser konzentrierten Entspanntheit und einer wunderbaren Leichtigkeit gehe ich wieder an die Oberfläche, ins Hier und Jetzt.
Ich öffne meine Augen und so bald ich mich bereit fühle, bin ich wieder erfrischt und klar im Hier und Jetzt.

Entspannung, lange Meditation

Ich erlaube meinem Körper, vollkommen regungslos zu sein. Ich bin mir bewusst, wer ich bin. Ich bin nicht mein Körper. Ich war immer und werde immer sein. Denn ich bin. Ich bin Teil einer größeren Energie. Mein Körper dient und gehorcht mir. Ich spüre meinen Körper und betrachte ihn bewusst und liebevoll. Ich erfülle meinen Körper bis in die kleinste Zelle mit Bewusstsein. Ich bin mir meines ganzen Körpers vollkommen bewusst. Ich lenke meinen Körper und ich beherrsche auch meine Gedanken.Ich konzentriere mich auf meinen Atem.

Und während ich auf meinen Atem konzentriere, merke ich, ich atme nicht, das Leben atmet für mich. Ich lasse meinen Atem geschehen und erlebe völlige Konzentration. Weil ich alles andere loslasse. Ich erlebe bewusst - es atmet mich.

Mein Atem geschieht ganz ruhig und gleichmäßig. So lasse ich die Welt los und gehe in mich. Ich sinke in ein Licht in mir. Zu meiner Mitte. In mein Licht. Lass dich ganz ein in dieses Licht. ich bist eins mit mir selbst, eins mit mir selbst. Ich bin der, der ich bin.

So schaue ich mich in der hellen Innenwelt um. Ich sehe eine Wiese und vollkommen unbeschwert betrete ich jetzt diese Wiese. Ganz deutlich spüre ich Gras unter den Füßen und rieche den Duft der Natur. Die Wärme der Sonne liegt auf meiner Haut und ich atme die saubere Luft. Ich fühle mich rundherum wohl. Hier ist mein Ort der Entspannung. Ich finde auf dieser Wiese einen wunderbaren Platz und lege mich hin. Ich schaue ruhig in den Himmel und erlebe, dass Wolken gleichmäßig und ruhig dahinziehen. Ich bemerke ganz klar einen großen Regenbogen. Die Farben werden noch klarer und sie leuchten immer mehr. Ich suche in meinem Regenbogen die Farbe rot und schwebe hinein in dieses wunderbare rot. Ich tauche ganz in eine rote Welt ein.

Ich gehe tiefer in den Regenbogen und gehe in die Farbe orange. Ich tauche ganz in die Farbe orange ein.

Ich gehe weiter und versinke in gelb. Alles ist Gelb. Ich tauche ganz in eine gelbe Welt ein.

Nun tauche ich ganz in die Farbe grün ein. Alles ist grün. Ich gehe durch grün. Nun bewege ich mich langsam und ruhig in einer blaue Welt. Blau, wohin ich sehe. Ich tauche komplett ein in das blau.

Ich gehe in die lila Welt, Ich tauche ganz in lila ein rundherum ist alles lila.

Es geht noch tiefer bis alles violett ist. Ich tauche in eine violette Welt ein.

Alles ist gut ein herrliches Gefühl durchdringt meinen Körper. Ich fühle Frieden und Ruhe in mir. Ich fühle mich wohl und geborgen.

Ich ruhe und höre Wasser plätschern, langsam begebe ich mich auf die Suche nach diesem Gewässer. Ich sehe einen kleinen See mit reinem, klarem Wasser, ich entkleide mich aus und nehme einmal ganz bewusst ein Bad. und mache mir bewusst wie ich in dieses Wasser steige. Mit meinem ganzen Körper tauche ich in dieses klare Nass. Alles was nicht wirklich zu mir gehört wird von dem reinen Wasser weggeschwemmt. Ich fühle wie dieses

angenehme Bad abwäscht, was ich nicht mehr brauche. Er ist wunderbar, wie ich immer unbeschwerter und leichter werde.
Ich lasse los was mich daran hindert ich selbst zu sein. Ich nehme noch einmal bewusst war, wie befreiend dieses Bad ist, verabschiede mich und gehe unbeschwert und erleichtert aus dem Wasser. Ich trockne meinen Körper mit einem weichen Tuch ab und lege ein Kleid aus Geborgenheit und Ruhe an. Ich bin erfüllt von Ruhe und Zufriedenheit. Ich gehe zurück Zurück auf meine Wiese, genieße den Anblick und mache mir bewusst, das dieser Ort immer da ist. Wann immer ich möchte, kann ich hier her kommen. Ich verabschiede mich von diesem Ort und begebe mich ganz in meinem Tempo zurück ins Hier und Jetzt. Wann ich bereit bin öffne ich die Augen und nehme ganz klar wahr, dass ich im Hier und Jetzt bin.

- Das Befolgen der in diesem Ebook gegebenen Ratschläge erfolgt auf eigene Gefahr.

- Es wird Bei eventuellen Vorerkrankungen (Stoffwechsel- und Gelenkerkrankungen) keine Haftung übernommen.

- Bei Erkrankungen des Bewegungsapparats ist vor Aufnahme eines Trainings ein Sport- oder Allgemeinmediziner zurate zu ziehen.

- Vor Durchführung der im Buch vorgestellten Ernährungsprogramme ist ärztlicher Rat einzuholen.

alle Angaben ohne Gewähr. Weder Autoren noch Verlag übernehmen eine Haftung für eventuelle Nachteile oder Schäden, die aus den im Buch enthaltenen praktischen Hinweisen resultieren.

FSC
www.fsc.org
MIX
Papier aus ver-
antwortungsvollen
Quellen
Paper from
responsible sources
FSC® C105338

© 2021
Herstellung und Verlag: BoD – Books on Demand, Norderstedt
ISBN: 978-3-7534-3530-5